日本心理学会　心理学叢書

心理学って何だろうか？

四千人の調査から見える期待と現実

日本心理学会 監修
楠見 孝 編

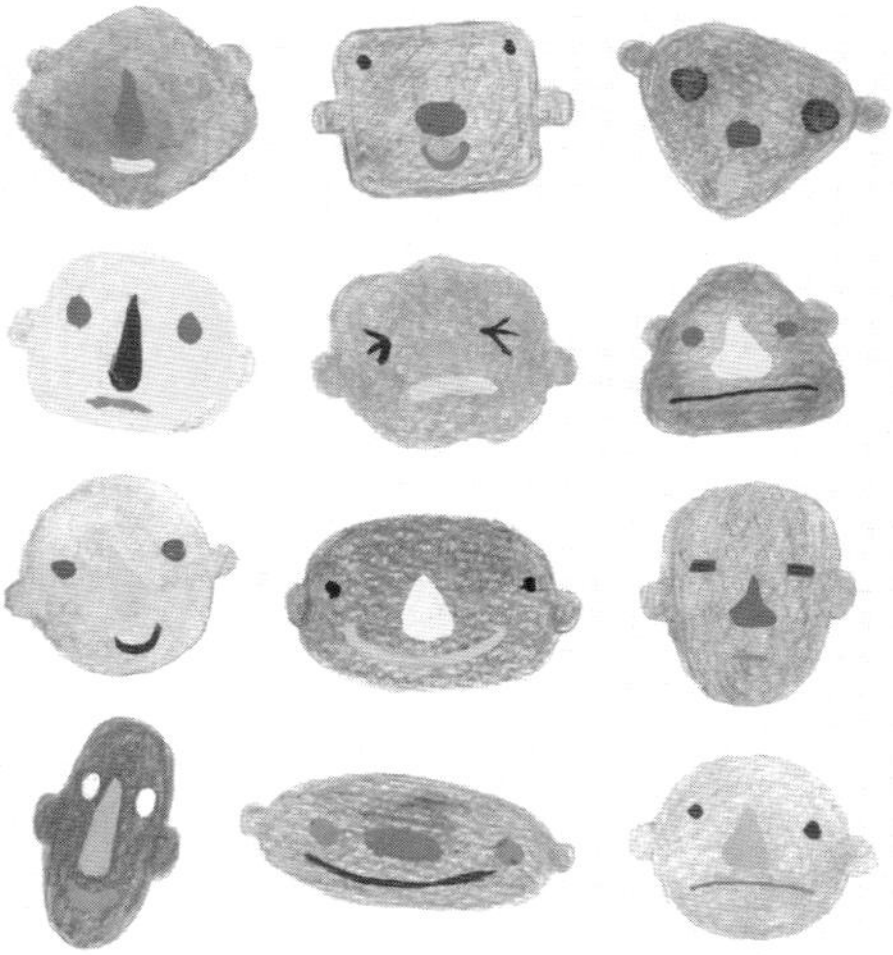

日本心理学会
心理学叢書

誠信書房

心理学叢書刊行にあたって

日本心理学会では、二〇一一年の公益社団法人化を契機として、公開シンポジウムの実施を拡充してまいりました。二〇一五年度には、次の三つのシリーズを企画し、全国各地で総計二八回のシンポジウムを開催するに至っています。

・教育や医療、司法等の現場における心理学の貢献を紹介する「社会のための心理学シリーズ」
・心理学の科学としての側面を中心に紹介する「科学としての心理学シリーズ」
・高校生や教員の方を対象として、様々な分野の心理学を紹介する「高校生のための心理学シリーズ」

いずれのシンポジウムも大変なご好評を頂いており、参加できなかった方々からも、講演の内容を知ることができないか、といったご要望を数多く頂戴しています。そうした声にお応えして、二〇一四年から心理学叢書を上梓することとなりました。本叢書は、シンポジウムでお話しした内容をさらに充実させ、わかりやすくご紹介することを目的として、刊行されるものです。

編者や執筆者の方々はもちろんのこと、シンポジウムの企画・運営にお骨折り頂いた教育研究委員会、とりわけ、講演・出版等企画小委員会の皆様に厚く感謝申し上げます。

二〇一七年八月吉日

公益社団法人日本心理学会
理事長　横田正夫

編者はじめに

この本は，「心理学って何だろうか」という疑問を持っている，高校生，大学生，学校の先生，社会人に向けての心理学者からのメッセージです。

心理学の解説書はたくさんありますが，この本が他の本と違う点は，合わせて四千人以上の調査結果に基づいて，人々の心理学への期待と現状を明らかにした点です。調査に回答してくれたのは，一般の市民，学校の先生，心理学者や他分野の研究者，そして大学です。

心理学者は，人間の心と行動を科学的に明らかにしようとしています。一方で，人は，日常生活のなかでより良く生きるために，他者のそして自分の心と行動を明らかにしようとしています。その意味では，人は「誰もがみんな心理学者」です。本書では，学問としての心理学と日常生活における常識心理学との間にはどのようなギャップがあるのかを明らかにし，両者を結びつけるためにはどのようにしたらよいのかを，六つの章に分けて多角的に検討します。そして，学問としての心理学を学び，日常生活で活かすにはどうしたらよいかを随所で語るとともに，日本心理学会が行っている市民と高校生のための心理学公開講座，心理学ミュージアムの実践についても紹介します。

この本の構成は，具体的には以下のようになっています。

第1章「誰もがみんな心理学者？――日常生活で役立てるために」では，心理学について日常生活やテレビ，本からも学んでいる点でみんな「心理学者」であること，しかし，その知識は必ずしも正確とはいえないことを、一般市民二千人の調査結果から説明します。そして、一般市民が考える心理学と学問としての心理学のギャップはどこにあり、どのようにそれを解消するかについて考えます。

第2章「学校の先生に使ってほしい・教えてほしい心理学」では、小中高の先生がどのくらい心理学を知っていて、役立つと思っているのか。また、日々の教育活動にどのような心理学の知識を導入しているのかを、千五百人の先生の調査に基づいて説明します。さらに、小中高で心理学を教えることの賛否や、そのための方策について考えます。学校の先生へは心理学の知識が日々の教育実践に結びつくことを、高校生の皆さんには、「心理学」という教科はないけれども、いろいろな教科の学習や学校生活にかかわっていることを伝えたいと思います。

第3章「大学ではどんな心理学を教わるの？——深く学ぶために」では、日本の大学では、心理学はどの学部・学科でどのような科目が教えられているのか、大学の先生はどのような分野の先生が多いのかを、四四三大学での調査結果に基づいて説明します。大学で心理学を学びたいと考えている高校生の皆さんには、受験情報誌とはひと味違ったかたちで、日本の心理学教育の現状と、大学で何をどのように学ぶことができるのかをお知らせします。なお、国家資格である公認心理師法が二〇一七年九月に施行され、二〇一八年度からはそのためのカリキュラムがスタートすることについても、最後に述べています。

第4章「心理学の卒業論文は社会で役に立つのか？——リサーチスキルの現代的意味」では、大学で学ぶ心理学が社会に出てから役に立つのかを、第3章と同じく、大学での調査結果を手がかりに説明します。大学の心理学教育ではリサーチスキルを育てていて、とくに卒業論文の作成を通して学生が身につけること、それが職業生活だけでなく市民生活にとって重要なことを、高校生・大学生の皆さんに、そして採用や新人の指導にかかわっている社会人の皆さんにも伝えたいと考えています。

第5章「心理学者は誰の心も見透かせるの？——学問とニセ科学の違い」では、心理学は科学的な手法を用いているにもかかわらず、文系に位置づけられています。ときには、疑似科学と誤解されることがあります。ここでは、「心理学は科学なのか」という問いに基づいて、心理学と科学あるいは疑似科学の区別や、誤解をとくための活動の必要性などについて、日本心理学会会員四三四人の調査結果も踏まえて説明します。理系だけれども人間に関心がある高校生、心理学を胡散臭《うさんくさ》いと思っている人に、心理学者が何を考えているのかを伝えたいと思います。

第6章「心理学は他の学問分野から引く手あまた——学問の垣根を越えて」では、心理学会会員の調査結果のうち、共同研究の現状に関するデータと、他分野の研究者対象の調査データを踏まえて、心理学がどのように活かされているか、どのような貢献を求められているかを探ります。心理学以外の分野に進みたいけれども心理学にも関心がある高校生の皆さんに、そして、心理学を自分の専門に活かしたいと考えている市民のかたに、心理学の広がりを伝えたいと考えています。

コラムⅠ「心理学者に会いに行こう！——市民と高校生のための心理学公開講座」では、日本心理学会公開シンポジウムとして、高校生対象の一日で心理学を学べる公開講座や、市民のかたを対象とした社会的に大事なトピックをテーマにした公開講座を、全国各地で開催していることを紹介します。ここではどのような講座が開かれていて、参加者した高校生や社会人のかたは何を学び、どのような感想を持ったのかのエッセンスをお伝えします。

コラムⅡ「心理学ミュージアムへようこそ！」では、誰でもいつでもどこからでも訪問できるバーチャルミュージアムである、「心理学ミュージアム」を紹介します。科学的心理学のさまざまなテーマを、簡単な実験を体験しながら学べる場です。誰でも興味のあることを自由な順序で学ぶことができ、コンテスト形式でえり抜かれた展示からなる「心理学ミュージアム」の、現状と未来についてお伝えします。

＊　＊　＊

本書の執筆は、日本心理学会の常置委員会である教育研究委員会の委員によるものです。委員の先生方には、活動を推進し、執筆いただきましたことを感謝いたします。

教育研究委員会は、研究の成果を社会に還元し、社会のニーズに応じた心理学教育をどの段階から始めればよいのかなどを検討するために、二〇一〇年に発足しました。そのなかの調査小委員会では、市民の心理学へのニーズを把握し、資料保存小委員会では、心理学の歴史的資料を収集・保管し、博物館小委員会と講演・出版等企画小委員会では、社会への発信を行う役割を担ってきました。委員会の発足以来お世話になりました日本心理学会担当常務理事・教育研究委員会委員長（当時）の仁平義明先生（当時白鷗大学）、同じく担当常務理事の内田伸子先生（十文字学園女子大学）をはじめ、常務理事の先生方に感謝申し上げます。また、日本心理学会事務局の皆様には、調査の実施・データ整理をはじめとして多大なるご助力をいただきましたことに、厚くお礼申し上げます。

最後になりましたが、編集においてお世話になりました誠信書房編集部の中澤美穂様に感謝いたします。

二〇一八年一月

編者　楠見　孝

目次

第2章 学校の先生に使ってほしい・教えてほしい心理学 30

第3章 大学ではどんな心理学を教わるの？——深く学ぶために 64

第5章 心理学者は誰の心も見透かせるの？——学問とニセ科学の違い 119

第6章　心理学は他の学問分野から引く手あまた——学問の垣根を越えて　152

第1章 誰もがみんな心理学者？——日常生活で役立てるために

【楠見　孝】

1 はじめに

自分の心を理解し、人の気持ちを理解したいと思っている人は多いと思います。そのために、心理学に関心を持ち、本を読んだり、テレビなどを見たりすることもあります。さらに、私たちは日常生活の経験から、自分や人の行動や心の動きについてある程度は説明や予測ができているのですから、誰もがみんな「心理学者」といえるかもしれません。

第1章では、人々の持つ心理学の知識が、学問としての心理学に照らすと必ずしも正確とはいえないことを、市民二千人の調査結果を用いて説明します。そして、市民が考える心理学と大学の心理学のギャップはどこにあり、どのようにそれを解消するかについて考えます。そして、大学で学ぶ心理学とテレビや雑誌などで紹介される心理学との違いについても、高校生や市民の皆さんに伝えたいと考えています。

2　誰もが知っている「心理学」とは

A　誰もが知っている常識心理学

書店の「心理」関連売り場には、人とうまくつきあうための読心術、性格を知るための心理ゲームや占い、より良く生きるための自己啓発書などが並んでいます。しかしこれらの多くは、心理学者が書いた本ではありません。たとえば、アマゾンの「心理学」書売れ行き上位二十位までのなかで、心理学者の書いた本は十四位と十五位の二冊でした（二〇一七年六月時点）。これらのベストセラーの著者には、テレビや雑誌によく登場する心理学者ではない人たちもいます。人々にとって「心理学」は、親しみやすい印象とともに、学問らしくない印象を持たれることもあります（第5章参照）。

学問としての心理学は、第3章で述べるように、大学では認知、学習、発達といった基礎から学びます。テレビに登場する心理テストやカウンセリング、犯罪心理がかかわる心理学は応用領域の一部であり、こうしたテーマだけを大学で学ぶわけではありません。こうした誤解は、他の学問（生物、物理、歴史など）とは異なり、心理学が小・中学校、高校で、科目としては取り上げられていないことが理由としてあります（第2章参照）。

ところで、「心理学を学ぶと、自分や人の心がわかるのですか？」という質問は、心理学者が頻繁に聞かれる質問です。カウンセリング心理学のベテランならば、人の心に関して深い洞察を持っていることでしょう。しかし、心理学者であっても、「自分は人の心がわかる」とは自信を持って言えない人も多いと思います。

一方で，人々は心理学を学んでいなくても，経験に基づいて自分や人の気持ちを理解しています。こうした心に関する人々の共通する経験からなる心理学を，常識心理学（commonsense psychology）といいます。これらのなかには，仕事などから得た固有の現場の知識（たとえば，接客業のベテランの持つ知識）もあります。現場の知識は学問としての心理学ではありませんが，実際の仕事に役立つ実践知です。また，人々は先ほど述べた一般書やテレビなどからも，日常生活や職場，恋愛などで活用したり，自己実現のための心理学として，情報を得ています。これらは，大学における学問としてのアカデミックな心理学（academic psychology）と対比されて，ポピュラー心理学（通俗心理学：popular psychology）といいます。

それでは，学問としての心理学を学ぶことにはどのような利点があるのでしょうか。心理学を学んだ学生や人々は，心理学の理論に基づいて，自分や他の人の気持ちや行動を説明できることがあります。たとえば，世間の人が持っている間違った知識や信念（たとえば血液型性格論）を心理学の理論に基づいて検討し，その背後にある心の働き（たとえば，血液型性格論を信じている人は，信念と矛盾する証拠を無視して，確証する証拠を集める確証バイアス傾向があること）に気づくなどが一例です。また，心理学に基づいて，科学的な根拠のある適切なアドバイスやサポートができるかもしれません（たとえば，血液型性格論に基づく子育てや，採用人事，結婚相手探しは適切でないなど）。

B　常識心理学と学問としての心理学をつなぐには

常識心理学と学問としての心理学のギャップは，「こころ」という誰でも経験していることがらを研究対象とする心理学の特徴といえます。自分の性格や生き方，対人関係を改善したい人は多いと思います。ですから，自己啓発書や相手の心を動かす心理トリック領域の本や，テレビ番組や雑誌は，関心を集めているのです。これらには、性格、対人関係、社会、発達、臨床分野の心理学の成果に基づく解説もあります。しかし、なかには血液型性格論など、学問としての心理学とは矛盾する内容のものもあります。

このように、人々は、アカデミックな心理学を学ぶ前に、日常生活や人生経験に基づく常識心理学や、テレビなどで紹介されるポピュラー心理学に基づく知識を持っています。また、人（素人《しろうと》）が他者の行動や自分の行動を説明する「理論」や信念を、「しろうと理論」（lay theories）といい、それが人の行動に影響を及ぼすため、心理学では解明すべき研究対象になっています(1)。

それでは、アカデミックな心理学とポピュラー心理学の間は、どのように埋めればよいのでしょうか。アカデミックな心理学の教育や、一般の人に向けて学問としての心理学を伝える科学コミュニケーションは、いかに科学としての心理学を市民や学習者に伝え、常識心理学を修正するかという、欠如モデル*1をとることが多くあります。市民への教育・啓蒙によって科学的な心理学の知識を高め、適切な行動ができるようになるという考え方は、心理学者が市民を導くパターナリズム（父権主義）に基づくといえます。ただし、科学的心理学の知識を増せば、心理学への正しい理解と適切な態度、行動が増えるとは限りません(2)。市民も日常の文脈において心に関する豊富な知識を持っている以上、市民の心理学知識、ニーズなどを踏まえた知識の提供が、特に学校を卒業した市民に対しては必要です。そこで次節では、市民が知っている心理学は何かをまず、明らかにします。

＊1　科学の知識が欠けている一般の人に正しい知識を伝えるというモデル。

3　誰もが知っている「心理学」の内容を調べる

A　市民対象の調査をする

日本心理学会の教育研究委員会は、科学としての心理学の成果を社会に向けて発信し、市民生活に役立てる方法や、心理学に関する社会人や児童・生徒の知識を高めるための方策を検討してきました。教育研究委員会のなかに置かれた調査小委員会では、市民の心理学に関する知識や理解の現状を把握し、市民が心理学に何を求めているかを探るための調査を、全国の二一〇七人（二十～六十代）の市民を対象に行いました。回答者はインターネット調査会社のモニターで、国勢調査に基づく人口統計と年代・男女・地域の比率が同じように、回答者数を設定しました。回答者の特徴は**表1-1**に示します。なお、調査の実施時期は、二〇一一年八月中旬でした。

質問項目は次の五項目でした。

① 心理学知識テストと心理学知識の自己評定
② 心理学において知りたいと思うテーマと重要度の評価
③ 心理学の知識をどこから得ているかとその信頼度の評価
④ 心理学と科学の親しみやすさの比較など
⑤ 心理学者への要望など

表1-1　市民対象調査の回答者の内訳（2,107人）

性　別	男性1,053人，女性1,054人
年　齢	20～29歳（18%），30～39歳（22%），40～49歳（19%），50～59歳（23%），60歳以上（19%）
職　業	公務員（4%），経営者・役員（2%），会社員（事務系：12%，技術系：11%，その他：11%），自営業（8%），自由業（2%），専業主婦/主夫（20%），パート・アルバイト（13%），学生（5%），その他（7%），無職（6%）
学　歴	中卒（2%），高卒（30%），短大・専門学校卒（22%），大学卒（37%），大学院修了（4%），短大・専門学校在学中（3%），大学在学中（2%），大学院在学中（0.6%），その他（0.4%）
授業の受講経験	教養心理学（54%），専門科目の心理学（12%），統計学（19%），実験演習（14%）
家族構成	既婚者（63%），子どものいる人（58%）

質問項目②の作成にあたっては、平井と三浦[3]が社会心理学に関して実施した調査項目を参考にして、心理学全体のテーマを網羅するように作成しました。

B　誰もが知っている「心理学」は正しいか

市民の持つ心理学の知識を調べるために、正誤問題からなる心理学知識テストを作成しました。項目は、心理学にかかわる一般に流布している間違った知識（例：血液型で性格がわかる）や神経神話（例：私たちの脳は全体の一〇～二〇％しか使っていない）、および科学的に正しい知識を含むように、心理学全般[1・4・5]、脳研究[6・7]などに基づいて作成しました。大まかな分野ごとの項目数は、知覚（二個）、記憶・学習（八個）、思考（九個）、言語（二個）、感情・動機づけ（三個）、発達・教育（七個）、社会（八個）、脳（六個）、人格・臨床（五個）でした。回答は三択（正しい、正しくない、わからない）で回答を求めました（単純に正誤判断ができないものもありますが、先に挙げた出典の文献と主な先行研究に従って正誤を設定しました）。

結果は**表1-2**に示すように、正答率が高かったのは、

表1-2　心理学知識テストの項目例と回答パタン（%）（2,107人）

項　　目	正しい	正しくない	わからない
高い正答率の項目			
・いつも騒がしい児童を落ち着かせて注意を集中させる一番の方法はその子を罰することである。	5	**70**	25
・話している言葉や音声の聞こえ方は母国語の影響を受ける。	**66**	6	28
・人間は自分がなぜあることをしたのかをつねに正しく理解している。	7	**63**	30
・正確な知識さえあれば判断する時に誤ることはない。	13	**61**	27
・いったん覚えた事なら，その内容が勝手に変わってしまうことはない。	12	**58**	30
低い正答率の項目			
・私たちの脳は全体の10～20%程度しか使われていない。	60	**10**	30
・右脳と左脳のどちらが優位かで右脳型と左脳型に分けられる。	47	**13**	41
・ネガティブな気分の時は，ポジティブな気分の時よりも，分析的で，正確な思考ができる。	**17**	37	47
・知能テストの得点は，学校の成績をかなりよく予測する。	**15**	45	40
・人が日常の特定の事物を即時に把握できるのは7つのカテゴリーまでが限界である。	**16**	35	68
・偶然の一致の背後には，個人を超越した，因果関係では説明できない原理がある。	40	**16**	44

注：ゴシックの数値は正答のパーセント

日常生活における経験や直観と科学的知識が合致するものでした。たとえば、以下のようなものです（正誤は○×で示しています）。

「いつも騒がしい児童を落ち着かせて注意を集中させる一番の方法はその子を罰することである（×）」（正答率七〇％）

「話している言葉や音声の聞こえ方は母国語の影響を受ける（○）」（六六％）

「人間は自分がなぜあることをしたのかをつねに正しく理解している（×）」（六三％）

一方で、正答率が低いのは、ポピュラー心理学の知識や、日常生活における経験からは獲得できない知識や直観に反する知識でした。たとえば、以下のようなものです。

「私たちの脳は全体の一〇～二〇％程度しか使われていない（×）」（一〇％）

「右脳と左脳のどちらが優位かで右脳型と左脳型に分けられる（×）」（一三％）

以上は、間違った知識が素人心理学として流布しており、日常生活では修正されにくい、脳科学にかかわる知識です。

「知能テストの得点は、学校の成績をかなりよく予測する（○）」（一五％）

「人が日常の特定の事物を即時に把握できるのは7つのカテゴリーまでが限界である（○）」（一六％）

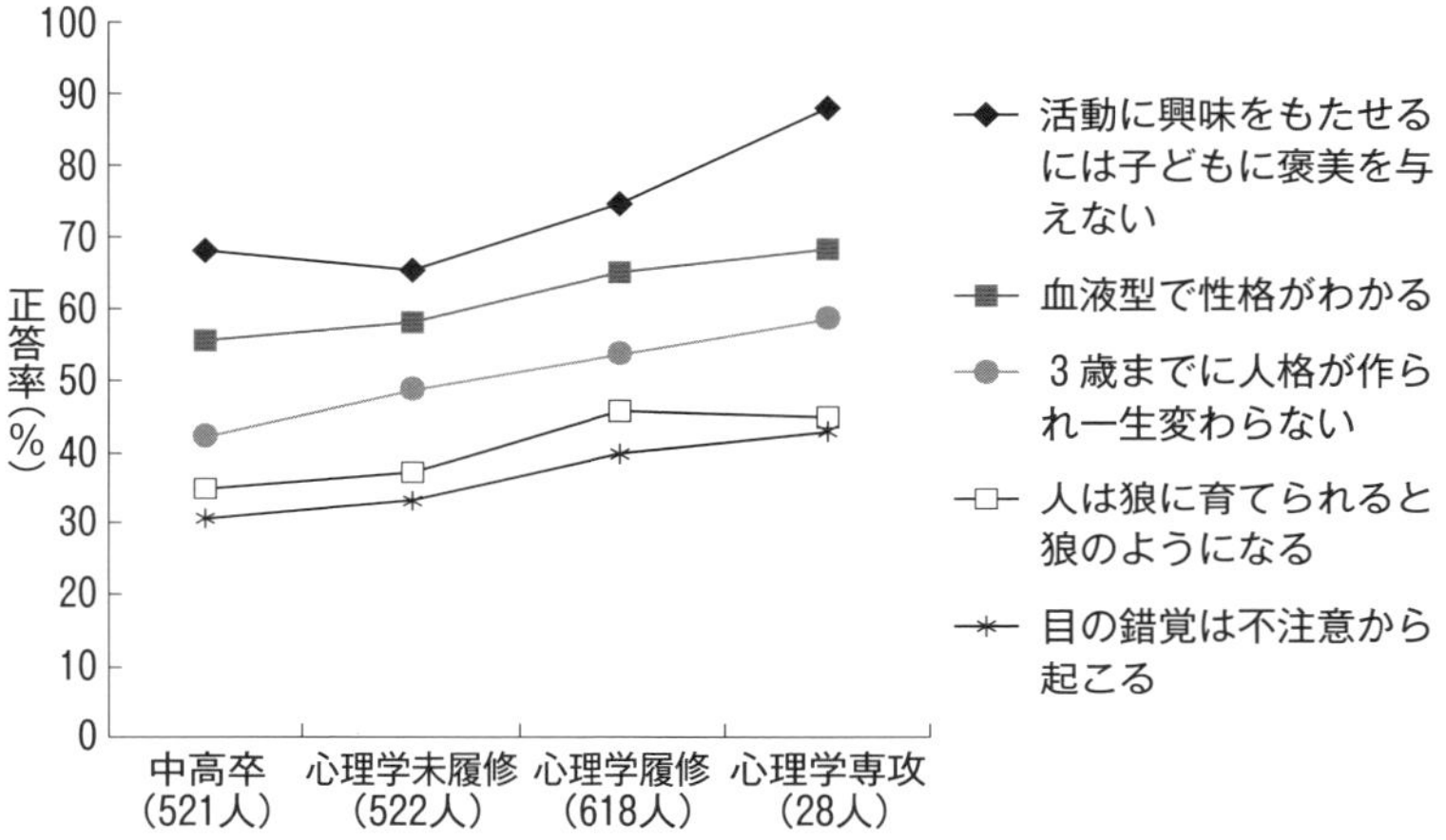

図 1-1　心理学知識テスト正答率と心理学の学習経験

以上は、学問的な心理学を学ばなければ知ることができない知識です。また、次の知識も、心理学を学んでいないと直観に反するため、間違えてしまう項目です。

「ネガティブな気分の時は、ポジティブな気分の時よりも、分析的で、正確な思考ができる（○）」（一七％）

「偶然の一致の背後には、個人を超越した、因果関係では説明できない原理がある（×）」（一六％）

こうした心理学の知識テストの正答率は**図1-1**で示すように、常識や一般に流布した知識に反する項目については、心理学の授業を履修することによって上昇しています。たとえば、「子どもにある活動に興味を持たせるには、その活動後にご褒美を与えない方がよい」は、心理学の授業でアンダーマイニング効果（外的報酬によって内発的動機づけが低下する現象）について学習することによって、「正しい」と判断することができます。また、血液型性格論や「狼に育てられた子」が事実に反することは、心理学の授業でよく取り上げる話題です。「目の錯覚はちょっとした不注意から起こる」のではないことは、心理学の入門的な授業において、錯視に関して説明する内容です。

一方、心理学知識テストの正答率は、年齢とは関連していませんでした（相関係数はマイナス〇・〇二で、ゼロに近いものでした）。これは、アカデミックな心理学の知識は、日常生活、人生経験では獲得できない知識であることを示しています。

また、心理学知識テストの正答率は、科学的方法論の理解を示す科学リテラシー尺度（例：科学者のデータは、何度も繰り返し同じ結果が現れることで信頼性が高まる[8]）と正相関（プラス〇・二二）、科学との接触（例：科学についての本を読むことが好きだ〈本章5のB参照〉）とは弱い相関（プラス〇・一七）がありました。このことは、科学的心理学の知識獲得には、科学的方法論とデータに基づく心理学教育が重要であることを示しています。

市民は心理学に関して、どのようなことを知っていると考えているのでしょうか。**図1-2**で示す心理学の十八のトピックの情報について、「よく知っている」から「ほとんど知らない」までの五段階で評価してもらいました（以下は五段階の「よく知っている」と「だいたい知っている」の合計比率を示します）。市民が「知っている」と答える比率が高かったトピックは、以下の項目です。

「テレビや新聞・雑誌などの情報が人に及ぼす影響」（二八％）
「ストレス、自殺、心の病気の原因や防止、対処法に関する情報」（一九％）
「職場のモチベーション向上、心身健康」（一八％）
「人と接する場面やプレゼンテーション、営業などでうまく対応する方法」（一六％）
「学校、家庭や職場などの集団における人間関係と、その改善のための情報」（一五％）

以下の事柄についての情報をどのくらい知っているか,「よく知っている」から「ほとんど知らない」までの５段階から１つ選んでください。

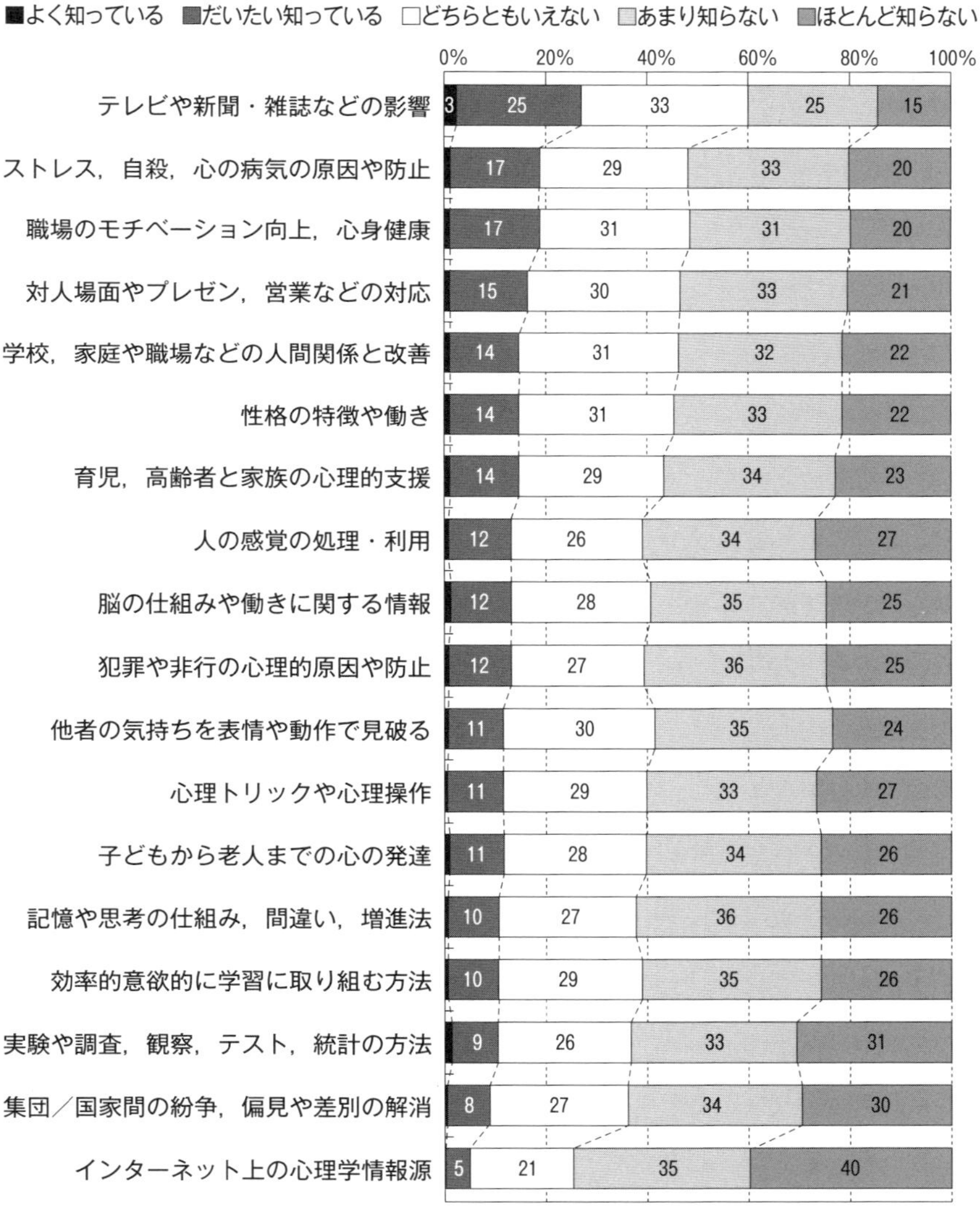

図 1-2　市民は心理学のどんなトピックを知っていると思っているか（回答比率〈%〉, 2,107人）

これらは、日常生活や仕事に役立つ情報であり、知っていると答える人が一五～二八%になることがわかりました。

一方、「知っている」と答える比率が低かった主なトピックは、以下の項目です。

「インターネット上の心理学専門家による情報源（大学の研究者などが解説したホームページ、リンク集、解説など）の情報」（五%）

「社会における集団／国家間の対立や紛争、偏見や差別の原因や解消方法に関する情報」（九%）

「実験、調査、観察、テスト、統計の方法」（一〇%）

「学校などでより効率的、あるいは意欲的に学習に取り組むための方法に関する情報」（一一%）

「人一般の記憶や思考の仕組みやその間違い、記憶や思考を高める方法に関する情報」（一一%）

これらの項目のなかでも、記憶、学習意欲、研究法などは心理学の基本的な知識ですが、知っていると回答した人は一割でした。市民はこれらのトピックは知りたいとは思わないのでしょうか、また、重要だとは思えないのでしょうか。これらについて、次項で説明します。

C　市民はどのようなトピックの「心理学」を知りたいと思っているか

市民は心理学に関して、どのようなことを知りたいと考えているのでしょうか。先ほどと同じ十八の心理学トピックについて、「もっと知りたい」から「知りたいと思わない」までの五段階で評価してもらいました（以下は、五段階の「もっと知りたい」と「どちらかというと知りたい」の合計比率を示します）。

図1-3で示すように、六割以上の市民が「知りたい」と考えている内容としては、次の項目が挙げられました。

「ストレス、自殺、心の病気の原因や防止、対処法に関する情報」（六五％）
「学校、家庭や職場などの集団における人間関係と、その改善のための情報」（六四％）
「人と接する場面やプレゼンテーション、営業などでうまく対応する方法」（六三％）
「他者が隠している気持ちを表情や動作で見破る方法」（六二％）

これらのトピックは、二割以上の人が「もっと知りたい」と回答しています。仕事に役立つ情報へのニーズという点で共通しています。一方、他の項目については一～二割程度であり、「心理学における実験や調査、観察、心理テスト、統計の方法」というアカデミックな心理学については一〇％と少ないこと、「インターネット上の心理学専門家による情報源（大学の研究者などが解説したホームページ、リンク集、解説など）」は七％と、ニーズは低いことがわかりました。

さらに、市民は心理学に関して、どのようなトピックが社会にとって重要だと考えているのでしょうか。同じ十八のトピックについて、「重要である」から「重要でない」までの五段階で評価してもらいました。**図1-4**で示すように、市民が「重要である」と考えているのは「ストレス、心の病気」が四四％と最も多く、「対人関係」と「犯罪と非行」がいずれも三二％で続きました。これらの項目は「どちらかというと重要」も含めると、八三％、七六％、七二％と大きな割合を占めました。その次には、「心と身体の関係」「社会の対立、偏見」「教育・学校」「性格」「産業と組織」が二九～二一％で続きました。これらは、個人のメンタルヘルスや社会的問題解決のために重視されたと考えられます。さらに、「脳の仕組みや働き」「発達」「記憶・思考」

以下の事柄についての情報をどのくらい知りたいと思うか，「知りたいと思わない」から「もっと知りたい」までの5段階から1つ選んでください。

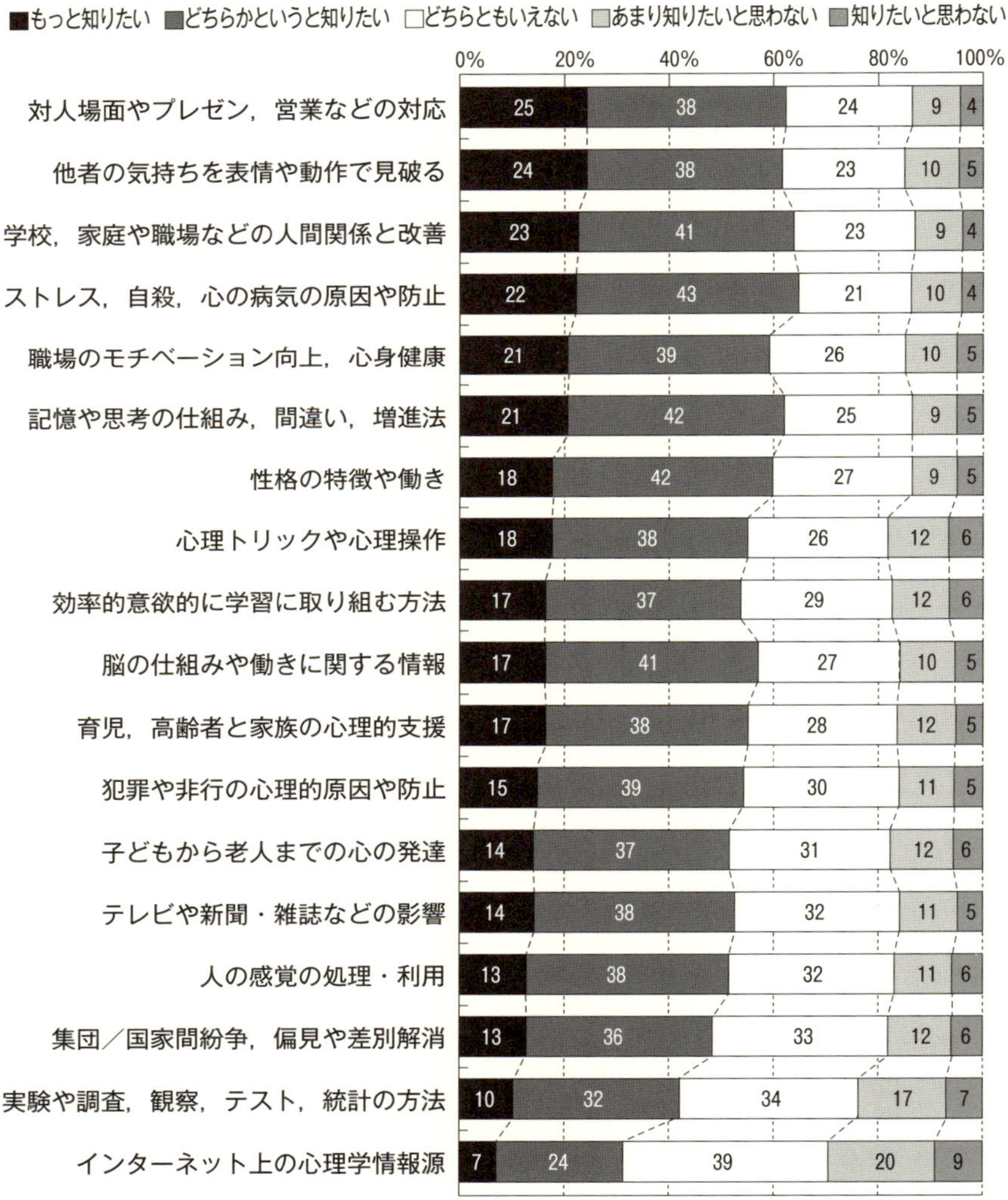

図 1-3　市民が知りたい心理学のトピック（回答比率〈%〉，2,107人）
（項目は図1-2と同じ）

次に挙げるのは，「心理学」の分野で扱われているテーマや領域を示す言葉です。この調査では，これらのテーマが社会にとって重要かについて，あなたのご意見をおうかがいします。それぞれについて，各テーマとその説明文をよく読んで「重要でない」から「重要である」までの５段階から１つ選んでください。

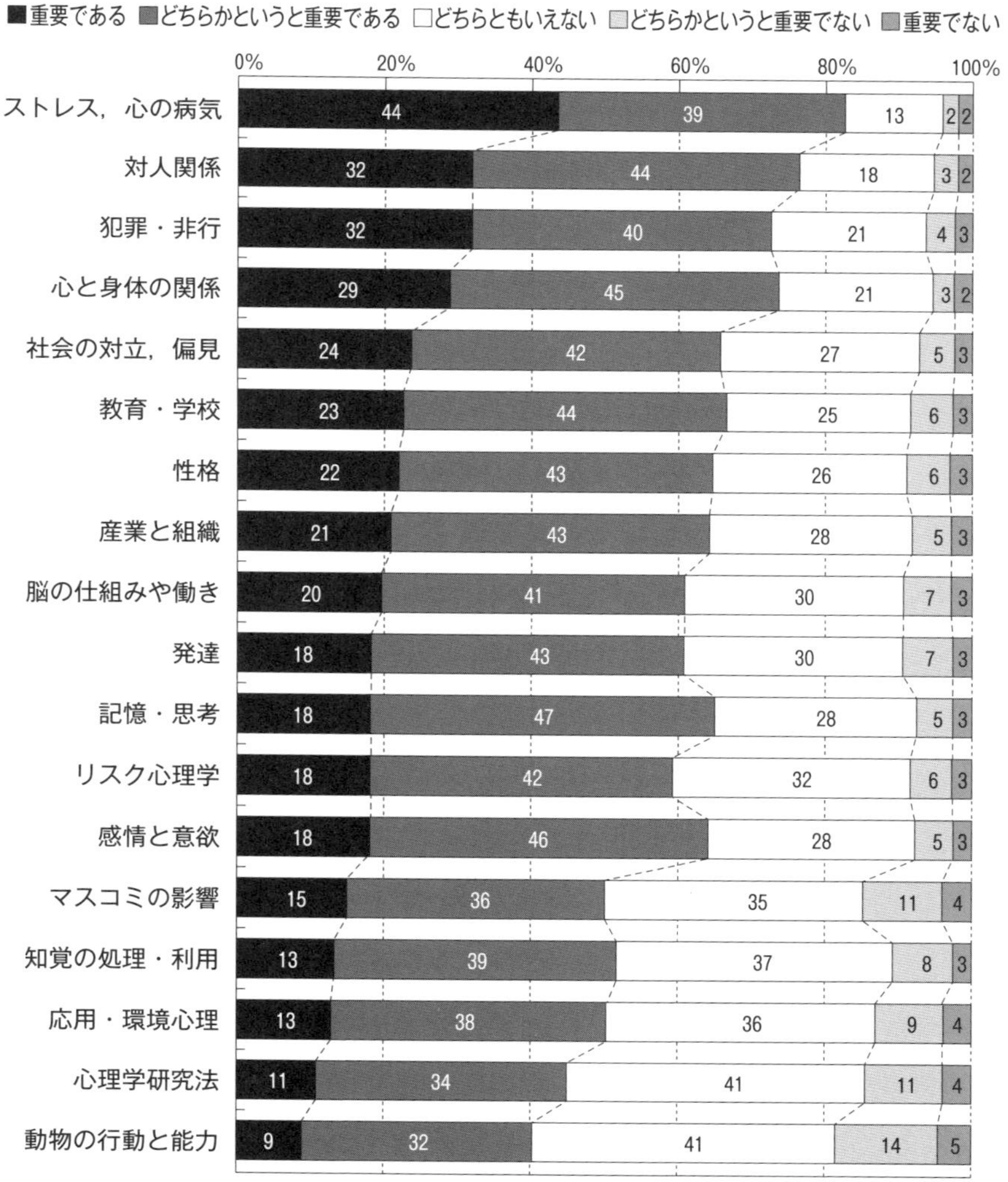

図 1-4　市民が重要だと思う心理学の知識（回答比率〈%〉，2,107人）

「リスク心理学」「感情と意欲」が二〇％前後で続きます。一方、「動物の行動と能力」「心理学研究法」などのテーマは、学問としては重要ではありますが比率は九％、一一％であり、その社会的重要性は市民には判断しにくかったと考えます。

4 誰もが知っている「心理学」はどこから学ぶのか

A 市民はどのような「心理学」をどこから学んでいるか

市民は主にどこから心理学の知識を得ているかを、**図1-5**に示すトピックごとに七つの情報源（自己経験、家族・友人、テレビなど）から複数回答してもらいました。その結果、［自分自身の経験から］は、対人関係がかかわる「学校、家庭や職場などの集団における人間関係とその改善のための情報」（二一〇七人中、四三五人）や「職場でのモチベーションの向上、従業員の心身の健康の改善の方法」（四二三人）と多くを占めていました。これは、2のA「誰もが知っている常識心理学」で述べた現場の知識の源になります。一方、［テレビの教養、情報番組から］は、「脳の仕組みや働きに関する情報」（五九四人）、「心理トリックや心理操作に関する情報」（五二八人）などのトピックの情報を得ていました。とくに、心理トリックなどのポピュラー心理学の源は、テレビ番組であることを示しています。

逆に少ないのは、［インターネット］（トピックによって異なり、一〇七〜二九〇人）、［本］（一七〇〜三二一人）、［大学の授業・公開講座］（七五〜一三二人）でした。とくに、授業や公開講座は学問的な心理学の情報源ですが、回答頻度は他の情報源と比べて低いことがわかりました。

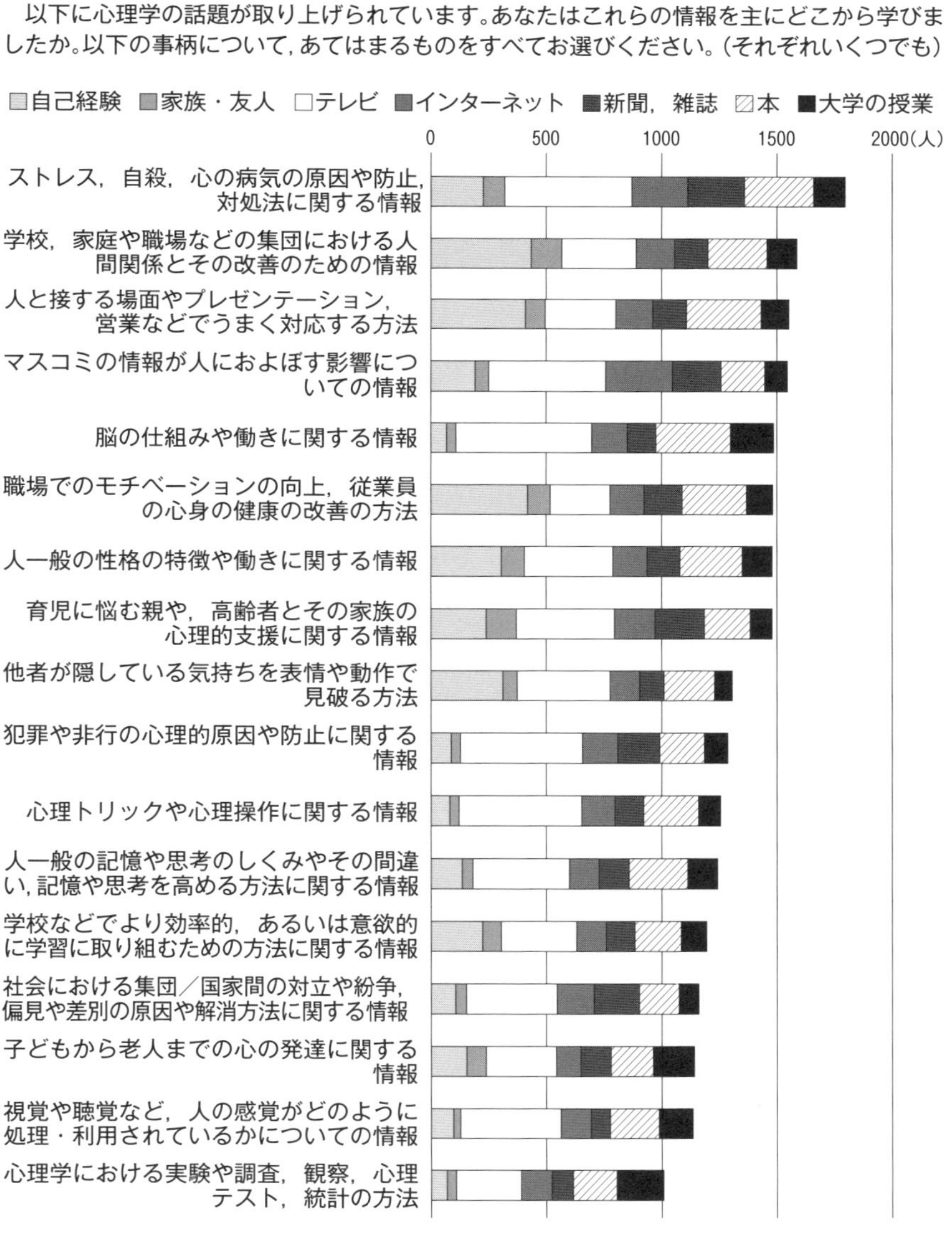

図1-5　市民における心理学知識の情報源（回答者数，2,107人）

表 1-3　心理学情報源の信頼性と態度との相関

心理学情報源	信頼性平均評定値（5 点尺度）	相関係数			
		批判的思考	心理学への肯定的態度	心理学への接触	科学への接触
大学教授	3.57	.21	.40	.18	.27
心理学者の本	3.51	.20	.41	.21	.24
データ・論文引用 HP	3.36	.19	.36	.19	.29
家族	3.27	.06	.11	.02	.05
心理学者の HP	3.23	.18	.40	.19	.22
新聞・雑誌	3.18	.10	.22	.10	.12
wikipedia	3.14	.07	.21	.08	.14
提供者明示 HP	3.08	.13	.29	.15	.20
TV ニュースの情報番組	3.06	.04	.19	.05	.06
有名人の本	3.04	.09	.29	.13	.12
友人・知人	2.99	.06	.14	.06	.05
ネットニュース	2.95	.03	.19	.04	.08
ネットのマスコミの HP	2.80	.05	.20	.08	.09
有名人のブログ	2.54	.03	.19	.08	.05

B　市民は何を心理学の情報源にしているか

人の心の働きやそれにかかわる何らかの情報を探しているとしたときに、**表1-3**に示す十四の情報源がどのくらい信頼できるか、五段階（5：信頼できる〜1：信頼できない）で評定を求めました。

情報源の信頼度の高い順から、心理学の大学教授（三・五七）、心理学者の書いた本（三・五一）、インターネット上の心理学論文や、客観的な科学データが正確に引用されているホームページ（三・三六）でした。これらの信頼性評定は、表1-3で示すように、批判的思考態度（論理的、客観的、多角的に証拠に基づいて考えようとする態度〈楠見と平山による自己評定尺度で測定[8]〉）、心理学への肯定的態度、心理学や科学との接触の尺度（次節参照）との正相関がありました。これらは、学問的な心理学に基づく知識の提供者に、信頼を置いていることを示しています。一方、家族（三・二七）への信頼度は高いのですが、科学的な心理学の土台となる指標との相関は低く、科学とは異なる信頼であることがわかります。なお、心理学者以外の有名人のブログ（二・五四）の信頼度は低く、科学的な心理学にかかわる指標との相関もありませんでした。

5　「心理学」は「科学」よりもなじみ深いか

A　市民はどのような科学観、心理学観を持っているか

市民が科学と心理学のそれぞれについてどのようにとらえているかを、**図1-6**で示す十六項目（例：心理

20

ここでは科学と心理学に関する様々な事柄についてあなたの考えをおうかがいします。科学とは，学校や学校以外（たとえばテレビ）で出会う物理，化学，生物，地学（宇宙科学，地球科学など）などに関連する事柄をさします。あなたは以下の事柄についてどのように思いますか。「全くそう思わない」から「全くそうだと思う」までの4段階から1つ選んでください。

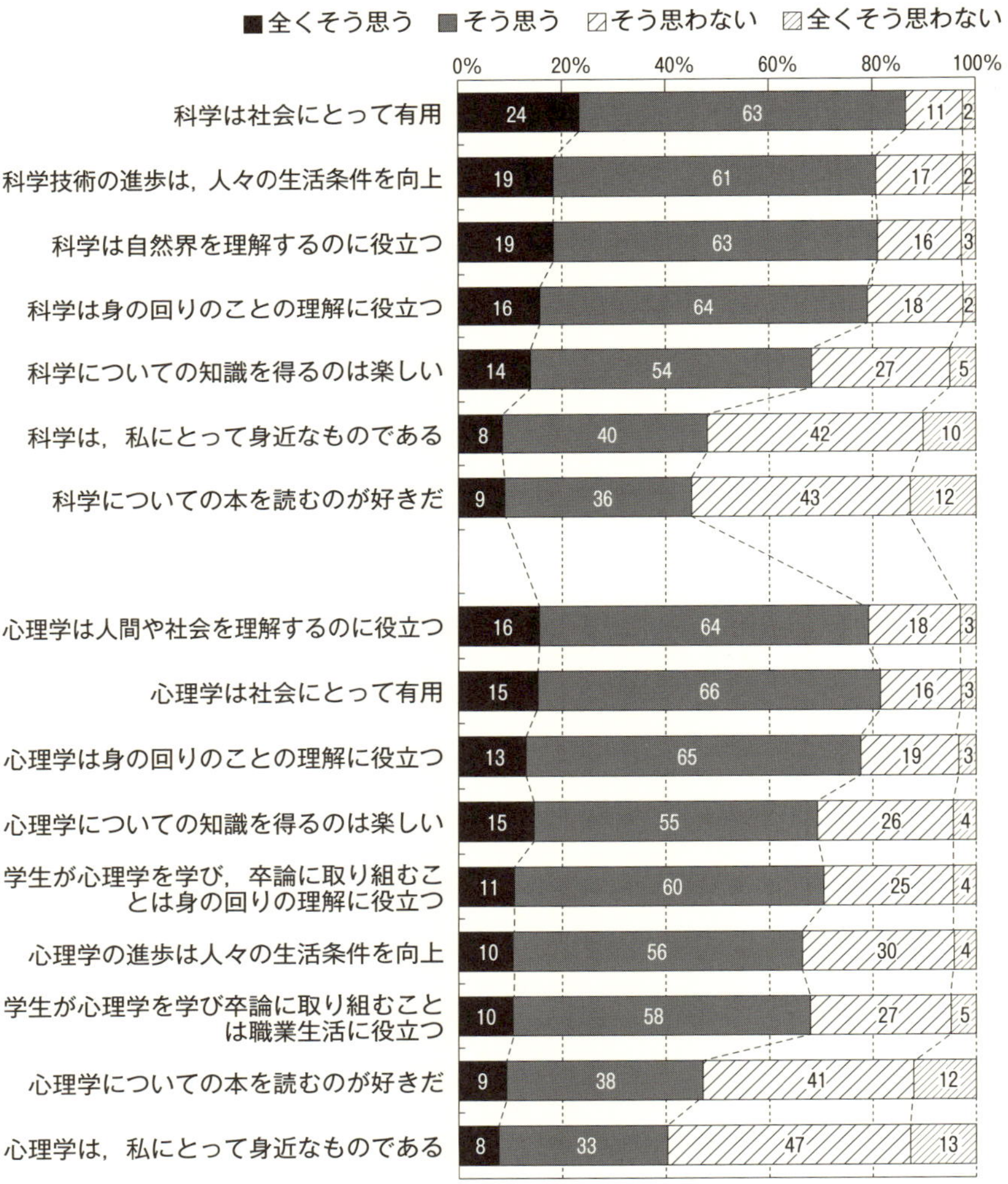

図 1-6　市民の科学観と心理学観（回答比率〈%〉，2,107人）

学は社会にとって有用なものである）について、四段階で評定（全くそう思う～全くそう思わない）を求めました。これは、「OECD生徒の学習到達度調査」（PISA2006）生徒質問紙を参考にしています。ここでわかったことは、「心理学は社会にとって有用」（全くそう思う＋そう思う〈八一％〉）は、「科学は社会にとって有用」（八七％）よりもやや低いのですが、心理学は科学と同様に八割以上に有用ととらえられている点です。

また、「心理学についての知識を得るのは楽しい」（七〇％）と「心理学は、私にとって身近なものである」（四一％）という評価も、「科学についての知識を得るのは楽しい」（六八％）や「科学は、私にとって身近なものである」（四八％）と同様の評価でした。調査をした私たちは、心理学が科学よりも親しみを持たれていることを期待していましたが、ほぼ同じレベルでした。

さらに、こうした心理学に対する態度の評定値の平均を、心理学への肯定的態度の指標として用いて、情報源の信頼度との関連を見ました。その結果、表1-3に示したように、心理学への肯定的態度の高さと、大学教授や心理学者の本やホームページへの信頼度の高さは、関連していることがわかりました。

B　市民はどのくらい科学や心理学に接触しているか

市民が、科学に比べてどのくらい頻繁に心理学に接しているかを、**図1-7**の十項目について、四段階の頻度（頻繁に、定期的に、時々、全くあるいはほとんどしない）で評定を求めました。

その結果、テレビ番組については、科学のほう（六九％）が心理学（五七％）よりも、時々（頻繁に、あるいは定期的も含む）見る人の比率が多いことがわかりました。雑誌や新聞においては、科学の記事を読むこと（五三％）と心理学の記事を読む頻度（五〇％）に差はなく、およそ半数が時々見ていました。ただし、テレビや記事の接触頻度は、番組や記事の実際の頻度が科学と心理学でどのように異なるかの考慮も必要です。

あなたは，次のことをどのくらいしていますか。「全くあるいはほとんどしない」から「頻繁に」までの4段階から1つ選んでください。

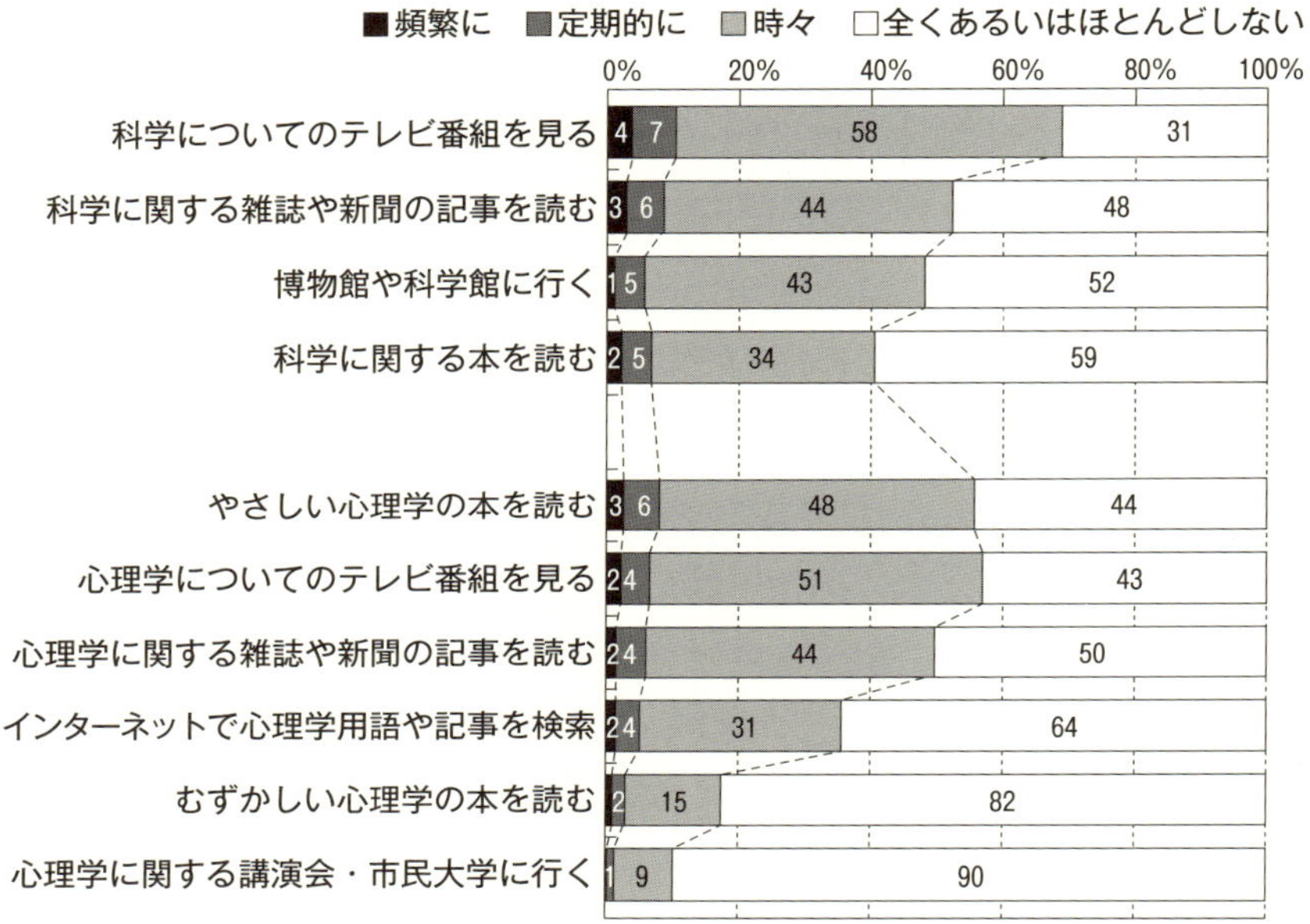

図1-7 市民の心理学，科学への接触（回答比率〈%〉，2,107人）

本については、やさしい心理学の本（おもしろ心理クイズ／ゲーム、性格、人間関係、生き方などの本）を時々（頻繁に、あるいは定期的も含む）読む人（五八％）は、科学に関する本を読む人（四一％）よりも多いことがわかりました。しかし、アカデミックなむずかしい心理学の本（心理学者が研究データに基づいて書いた新書、専門書）を読む人（一八％）は、少ないことがわかりました。また、博物館や科学館に時々（頻繁に、あるいは定期的も含む）行く人は、約半数でした。一方、心理学に関する講演会や市民講座に行く人は、一〇％と少数派でした。以上の結果より、心理学への接触頻度は科学とほぼ同じレベルであること、やさしい心理学の本を読む頻度は、心理学に関するテレビ番組を見るのと同程度の六割弱と、高いことがわかりました。

なお、ここでの科学、心理学に対する活動頻度（頻繁、定期的、時々、全くしない）に、三、二、一、〇の数値を割り当てて平均を求め、科学、心理学への接触の指標として用いて情報源信頼度との関連を見たところ、表1-3の示したとおり、大学教授や心理学者の本やホームページ、とくにデータを引用したホームページへの信頼度が高いことがわかりました。

C　市民は心理学者に何を期待しているか

市民は、心理学の研究者やその集まりである学会が、市民のために行おうとしている十三の活動について、これらの活動が社会にとって重要かどうか、五段階（重要である～重要でない）で評定を求めました（以下のカッコ内の数値は、「重要である」と「どちらかというと重要である」の合計比率を示します）。その結果は、**図1-8**の左側に示すように、「災害が起きたときの被災者や行政への支援」（七〇％）が最も高くなりました。これは、東日本大震災後のニーズを反映していると考えられます。「小中高校への心理相談員や学習支援者の派遣」（六三％）と、「企業での社員研修などへの講師などの派遣」（五七％）は、専門家派遣型の活動です。また、「市民が気軽にアドバイスを受けられるように、相談会や窓口を設ける」（五九％）、「国や地方自治体に対してアドバイス」（三八％）など、アドバイスへのニーズもあります。一方、「明らかに間違っている情報や書籍を指摘、告発する」（五七％）は、第5章でも述べますが、疑似科学などの間違った情報が流布しないようにすることです。これは、これまでにない学会の役割として考えられます。

なお、これまで日本心理学会が進めてきた広報活動である「市民向けの公開講座」、「児童生徒向け公開講座」を重要と評価した人は、それぞれ四七％、四六％と半数程度でした。生徒向けの講座については、第2章でさらに詳しく述べます。「博物館などの心理学展示」は三三％、「児童生徒向け、市民向けのパンフレットの作成」

心理学の研究者やその集まりである学会が，市民のために次の活動をすることを考えているとします。この調査では，これらの活動が社会にとって重要かについて，あなたのご意見をおうかがいします。以下の各活動をよく読んで，「重要でない」から「重要である」までの5段階から1つ選んでください。

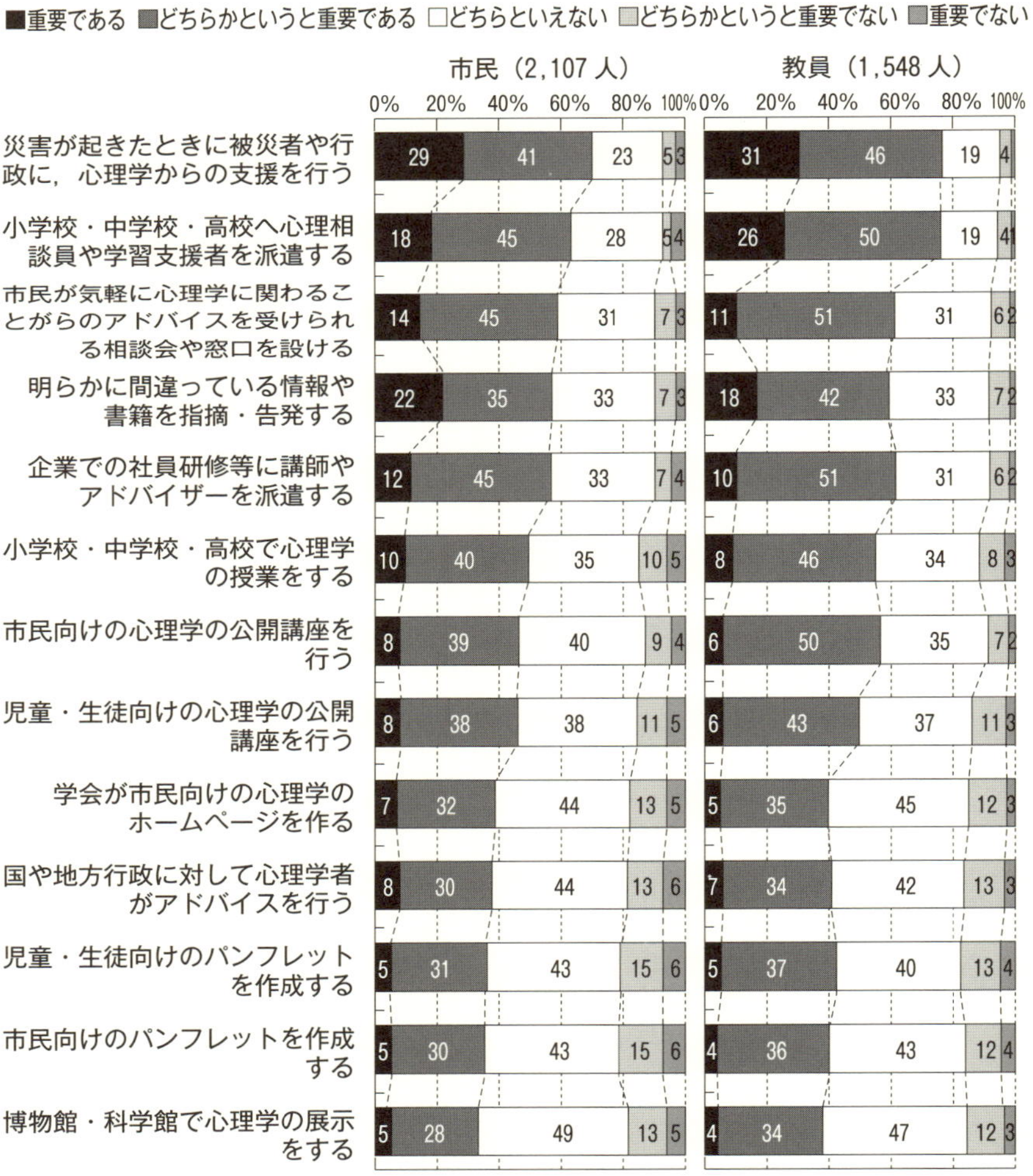

図1-8　心理学会に対する市民の期待（回答比率〈%〉）

表1-4　市民による心理学に関する主な自由記述の例

「心理学」とはどんな学問だと思いますか？	「心理学」の研究が進むことによって，どのようなことがわかると思いますか？
相手の深層心理を探り，大切な部分を引き出せる。心理状態を読み取り，危険回避ができる。（心理学学習経験なし）	相手の状況が読めるようになり，危険な状態を避けることができるようになりそう。
人の深層心理から行動や考え方などを考察する。（心理学学習経験なし）	個々に応じた会社での人材教育や，犯罪の予防，学校でのいじめなどの問題などなど。
普通の人が学ぶのではなく，特別な資格を持った人が学ぶ学問のイメージがある。（教養心理学受講）	人々の行動や考えの裏側を心理学で読み解くことができると思い，事件を未然に防いだりできると思う。

はそれぞれ三六％、三五％であり、三分の一の人が重要と評価していました。

さらに、「心理学とはどんな学問だと思いますか？」「心理学の研究が進むことによって、どのようなことがわかると思いますか？」という問いについて、自由記述を求めました。**表1-4**の二行目と三行目に示すように、心理学の学習経験のない市民は、心理学を「相手の深層心理を探り大切な部分を引き出せる」「人の深層心理から行動や考えなどを考察する」学問ととらえることによって、「心理状態を読み取り危険回避」をしたり、「個々に応じた人材育成や犯罪予防、いじめの解消」を考えています。また、四行目にあるように、教養心理学の学習経験のある市民であっても、「特別な人が学ぶイメージ」があり、人々の行動の裏を読み、事件を未然に防ぐことを予想しています。

心理学には、人の心や行動を科学的に説明、予測できることが一部にはあります。しかし、それは、ある条件における科学知見が蓄積した場面に限られ、深層心理を探る方法とは限りません。また、人の行動の予防やコントロールは、限定された条件内では誤差を含むかたちで可能ではありますが、すべてではありません。また、そうした予防やコントロールを行うには、倫理的な検討や社会的コンセンサスが必要なこともあります。

6 まとめ

本章では、「誰もがみんな心理学者なのか」、そして、「心理学を日常生活でいかに役立てるか」について、二〇〜六〇代の市民二一〇七人を対象とした調査の結果に基づいて説明しました。その結果として、十八の心理学のトピックについての情報を「知っている」と答えた人は一〜二割でした。それは主に、マスメディアの影響やストレス、モチベーションに関することでした。それらのトピックは、心理学において市民が知りたいと考えている情報でもあり、対人関係や臨床などの応用領域を中心としていました。こうした心理学知識の情報源は、自己経験やテレビなどでした。また、心理学に関するテレビや雑誌記事、本などとの接触度は、科学全体と同程度にありました。

一方で、学問としての心理学知識テストの結果では、市民は、経験から推論可能な子育てや対人関係の一部は正答できるものの、①学問としての心理学を学んでいないと回答できない記憶や感情などに関する項目や、②脳科学のように間違った知識が広がっている領域での正答率は、低い状況にありました。また、心理学知識テストの成績は、大学の心理学の学習履歴の重要性を示しており、常識心理学へのテレビや本による学習の限界を示すものでした。

市民が持つ常識心理学と大学での心理学との間でギャップが少ない部分は、対人関係などに関することがらの一部で、経験に基づく知識が心理学と合致する部分でした。こうした合致する領域に焦点を当てて、市民における熟達者が持つ実践知を、学問としての心理学が吟味して取り入れることは重要であると考えます。2節で述べたとおり、人は科学としての心理学を知らなくても、経験に基づいて人の心や社会に関する知識を獲得していて、深い叡智や洞察を持つ人もいます。豊かな経験に基づく知識と科学的な心理学の知識の両方があって、人生のより複雑な問題解決やそのアドバイスができると考えることができます[9]。

一方、常識心理学と学問としての心理学のギャップが大きい部分（脳、発達、思考など）は、学問としての心理学が過度に単純化されたり、間違って流布されたことによると考えられます。これらの一部には、経験からの内省が難しいことがらもあります。ここでは、市民に対して科学的心理学知識が欠如していることを指摘するだけではなく、経験的な実践知に科学的な心理学の知識をどのように融合するかが重要と考えます。

以上のことを踏まえると、人は経験やテレビや本に基づいて学習し、人の心についての知識を持つ「常識心理学者」ではあるが、その知識には限界があることが明らかになりました。心理学者あるいは学会から市民に向けて伝えるべきことは、以下の三つがあると考えます。

（1）市民が生活のなかで蓄積した常識心理学のなかで、学問的にも意義のあるすぐれた実践知に焦点を当て、科学的に検証してその重要性を伝えること

（2）常識心理学を土台にして、そのなかの学問的な誤りを修正したり、より良く生きていくために重要な知識を補完したりするための教育や情報の発信

（3）学校教育において、学問的な心理学の重要な事柄を系統的に教えること

（3）の役割はこれまでは心理学者が担ってきましたが、小学・中学・高校の教員が学問的な心理学の知識を持ち、それを活かして児童・生徒に伝えることができれば、その効果はより大きいと考えます。次の第２章では、学校教育において、その担い手である教師を通して、学問としての心理学をどのように教えるのかについて取り上げます。

〈付記〉

第1章と第2章における調査の項目作成と分析は、日本心理学会教育研究委員会 調査小委員会のプロジェクトとして、山祐嗣（大阪市立大学）、益谷真（敬和学園大学）、星野崇宏（慶應義塾大学）の先生方と行いました。また、教育研究委員会委員（当時委員長）の仁平義明先生（当時白鷗大学）、遠藤由美先生（関西大学）、担当常務理事の内田伸子先生（十文字学園女子大学）には、調査の実施にあたり貴重なご教示をいただきました。記して感謝します。

【引用文献】

（1）Furnham, A.（1988）*Lay theories: Everyday understanding of problems in the social sciences.* Pergamon Press（田名場忍・田名場美雪〈1992〉『しろうと理論――日常性の社会心理学』北大路書房）

（2）楠見孝（2013）「心理学とサイエンスコミュニケーション」『日本サイエンスコミュニケーション協会誌』二巻一号、六六-八〇頁

（3）平井啓・三浦麻子（2010）「研究知見の社会還元はどうあるべきか？――社会と社会心理学の微妙な関係」日本社会心理学会第51回大会ワークショップ（広島大学）（http://www.team1mile.com/asarin/research/jssp51ws.html）

（4）益谷眞・中村真（1999）『心と行動のサイエンス――主体的に考えるためのワーク143』北樹出版

（5）鈴木光太郎（2008）『オオカミ少女はいなかった――心理学の神話をめぐる冒険』新曜社

（6）OECD（2007）*Understanding the brain: The birth of a learning science.* OECD（OECD教育研究革新センター編〈2010〉『脳からみた学習――新しい学習科学の誕生』明石書店）

（7）永岑光恵・楠見孝（2010）「脳神経科学リテラシーをどう評価するか――教育評価用の質問紙作成の試み」『科学技術コミュニケーション』七巻、一一九-一三二頁

（8）楠見孝・平山るみ（2013）「食品リスク認知を支えるリスクリテラシーの構造――批判的思考と科学リテラシーに基づく検討」『日本リスク研究学会誌』二三巻三号、一-八頁

（9）Kunzmann, U. & Baltes, P. B.（2005）The psychology of wisdom: Theoretical and empirical challenges. In R. J. Sternberg & J. Jordan（Eds.）, *Handbook of wisdom: Psychological perspectives.* New York: Cambridge University Press. pp.110-135.

【推薦図書】

永田良昭（2011）『心理学とは何なのか――人間を理解するために』（中公新書 2175）中央公論新社

この本は、「心理学とはどのような学問なのか」という問いに答えるために、心理学に対するイメージから始まり、心理学における事実の発見、仮説／理論の構成のプロセスについて、具体的な実験や調査、事例をもとにわかりやすく解説されています。心理学が作り上げてきた人間像は、「こころ」の仕組みの探究による根拠に基づいており、それを読者自らが吟味することに、心理学の本当の面白さがあることがわかります。

第2章 学校の先生に使ってほしい・教えてほしい心理学

【楠見 孝】

1 はじめに

本章では、小学・中学・高校の先生が教育実践に心理学を活かす方策と、児童・生徒に心理学を教えることにかかわる二つの問題を取り上げます。

第一は、小学・中学・高校の先生と心理学の関係です。先生は、学習の指導や児童・生徒の指導に心理学を使っているのでしょうか。そして、役立つと思っているのでしょうか。また、市民よりも心理学のことを知っているのでしょうか。

第二は、小学・中学・高校の教室で、人の心にかかわる心理学の授業を何らかのかたちで行うことについてです。心のことは大切であるにもかかわらず、小学・中学・高校では心理学は教えられていません。心理学の授業を行うことについて、先生はどのように思っているのでしょうか。

本章ではこれらの問いに対して、小学・中学・高校の先生一五〇〇人の調査結果に基づいて答えます。さらに、学校で先生がより良く教えるために心理学に対して何を求めているのか、そして心理学が果たす役割について説明します。

2　学校の先生は「心理学」を知っているのか

A　学校の先生が知っている心理学とは

小学・中学・高校の先生は、第1章で述べた市民に比べると、心理学についてよく知っていると考えられます。先生になるためには大学に進学し、教育職員免許を取るために教職課程を履修します。そこでは、教職に関する専門科目として、発達と学習、生徒指導や教育相談などの、心理学に関する科目を履修します。これらは教育心理学と呼ばれる専門領域です。さらに、一部の先生は心理学を専攻することによって、専門科目として履修しています。また、学校の先生になってからも、教育委員会などによる研修・講習会、教育関連の書籍や雑誌などによって、学習指導や生徒指導、進路指導などにかかわる新しい知見を学ぶこともあります。このように、学校の先生は、学問としての心理学の知識を大学で学び、さらに毎日の学習指導（どのようにしたらより良く学ぶことができるか）や、生徒指導（生徒の気持ちはどのようにしたら理解できるか）、進路指導（生徒の適性をどのように知るか）において、（　）内に示したような心理学にもかかわる問題を解決しながら、実践に取り組んでいます。

では、心理学について、大学における教職課程と仕事の実践から学んでいる先生の知識は、第1章で取り上

表2-1　小学校・中学校・高校の教員対象調査の回答者の内訳（全1,548人）

性　別	男性1,007人（65%），女性541人（35%）
年　齢	22～34歳（23%），35～49歳（43%），50歳以上（33%）
職　階	教諭（76%），指導教諭（2%），主幹教諭（3%），教頭・副校長（3%），校長（2%），その他（15%）
担当教科	算数・数学（19%），理科（15%），国語（13%），社会（12%），外国語（11%），体育（6%），音楽（5%），養護教諭（3%），美術（2%），その他（15%）
学　歴	大学非教員養成系（45%），大学教員養成系（39%），大学院（12%），短大（12%）
授業の受講経験	教職課程の心理学（「教育心理学」「学習と発達」など：91%），一般教養の心理学（69%），心理学の専門科目（16%），統計学（22%），実験実習（心理学以外も含む：22%）

げた市民とどのように異なるのかを、調査の結果に基づいて考えてみましょう。

B　学校の先生を対象とした調査

小学・中学・高校の先生を対象とした心理学に関する調査に回答してくれたのは、インターネット調査会社のモニターである全国の小中高教員一五四八（男性一〇〇七、女性五四一）人でした。教えている学校は、小学校、中学校、高校それぞれで五一六人ずつです。詳細は**表2-1**に示します。調査はインターネットを用いて二〇一二年三月に実施しました。質問項目は、第1章で紹介した市民調査の項目に加えて、心理学を小学・中学・高校で教えることについて回答を求めました。

C　学校の先生の持つ心理学知識——テストと自己評価

表2-2は、第1章の3のBで紹介した、市民の心理学知識テストの結果について、教員群と市民群の正答率を比較し

表 2-2　心理学知識テストの正答率（%）：教員群（1,548人）と市民群（2,107人）の比較

心理学知識テスト　項目例	教員群	市民群	差
×血液型で性格がわかる	77	60	18
×人間は自分がなぜあることをしたのかをつねに正しく理解している	74	63	11
×いったん覚えた事なら，その内容が勝手に変わってしまうことはない	73	58	15
×正確な知識さえあれば判断するときに誤ることはない	73	61	12
○絶対音感のように，適切な時期に学ばなければ身につかない能力がある	69	49	20
×知能テストは人の知的能力の大部分を測定している	68	46	22
×集中さえしていれば人は物事を正確に覚えられる	65	48	17
×睡眠中の夢は無意識な欲望を満たすためのものであり，記憶とは関連がない	62	49	13
×一般に，集団で行う決定は，個人で下す決定よりも最善なものになる	62	51	11
×一番やる気が高まるのは取り組む課題が難しい場合である	59	44	15
×３歳までにその人の基本的な人格が作られ，それは一生変わらない	59	48	11
×人の行動は，すべて意識的な思考活動によって制御されている	57	37	21
○第一印象は外見で判断され，外見が魅力的なら性格や知性も良いと思われる	56	47	9
×あまり多くの事を覚えすぎると頭が一杯になり新しい事が覚えられなくなる	54	45	9
×目の錯覚はちょっとした不注意から起こる	51	35	16
○記憶は覚えた順序の影響を強く受ける	45	36	10
×脳の活動をいくら活発にさせても記憶力が向上するとは限らない	42	33	8
×睡眠中に学習教材を繰り返し聞くことによって学習ができる	39	27	12
×記憶は単純に時間が経てば薄れていく	35	27	8
×３歳までに脳の基礎的な能力はほぼ決まってしまう	33	26	7
○子どもにある活動に興味をもたせるには，その活動後にご褒美を与えない方がよい	23	18	6
○人は狼（オオカミ）に育てられても狼のようにならない	18	22	−4
○知能テストの得点は，学校の成績をかなりよく予測する	17	15	2
×私たちの脳は全体の10～20％程度しか使っていない	12	10	2
平　　均	49.9	39.9	10.0

注：○は正しい項目を，×は正しくない項目を示す。

たものです。教員群において正答率が高い項目から低い項目まで、代表的な項目を示しています。五十項目全体の正答率は、教員群が四九・九％に対して、市民群は三九・九％であり、教員群のほうが高いという結果が得られました。正答率の差が高かった項目を挙げると「血液型で性格がわかる（×）」で、教員の正答率は七七％、市民は六〇％でした。他にも正答率の差が大きかった項目は以下のものです（項目の下のカッコ内は、上が教員の正答率、下が市民の正答率です）。

「絶対音感のように、適切な時期に学ばなければ身につかない能力がある（○）」（六九％、四九％）
「知能テストは人の知的能力の大部分を測定している（×）」（六八％、四六％）
「集中さえしていれば人は物事を正確に覚えられる（×）」（六五％、四八％）
「人の行動は、すべて意識的な思考活動によって制御されている（×）」（五七％、三七％）

これらは学問的な心理学における教育にかかわる内容であるため、教員は先に述べたように、大学の教職課程で学問としての心理学を学んでいるためと考えます。

では、教員は心理学に関して、どのようなことを知っていると自分で考えているのでしょうか。**図2-1**で示す項目について、「よく知っている」から「ほとんど知らない」までの五段階で評価してもらいました。なお、以下は五段階の「よく知っている」と「だいたい知っている」との合計比率を示します。項目は、第1章の図1-2の市民データと同じですので、比較ができます。

教員が、「知っている」と答える比率が高かった知識は次の項目でした。比較のために、第1章の市民のデータも併記しました（項目の下のカッコ内は、上が教員の比率、下が市民の比率です）。

人一般の心にかかわる情報を，今どのくらい知っているかをおうかがいします。以下のことがらについての情報をどのくらい知っているか「よく知っている」から「ほとんど知らない」までの5段階から1つ選んでください。

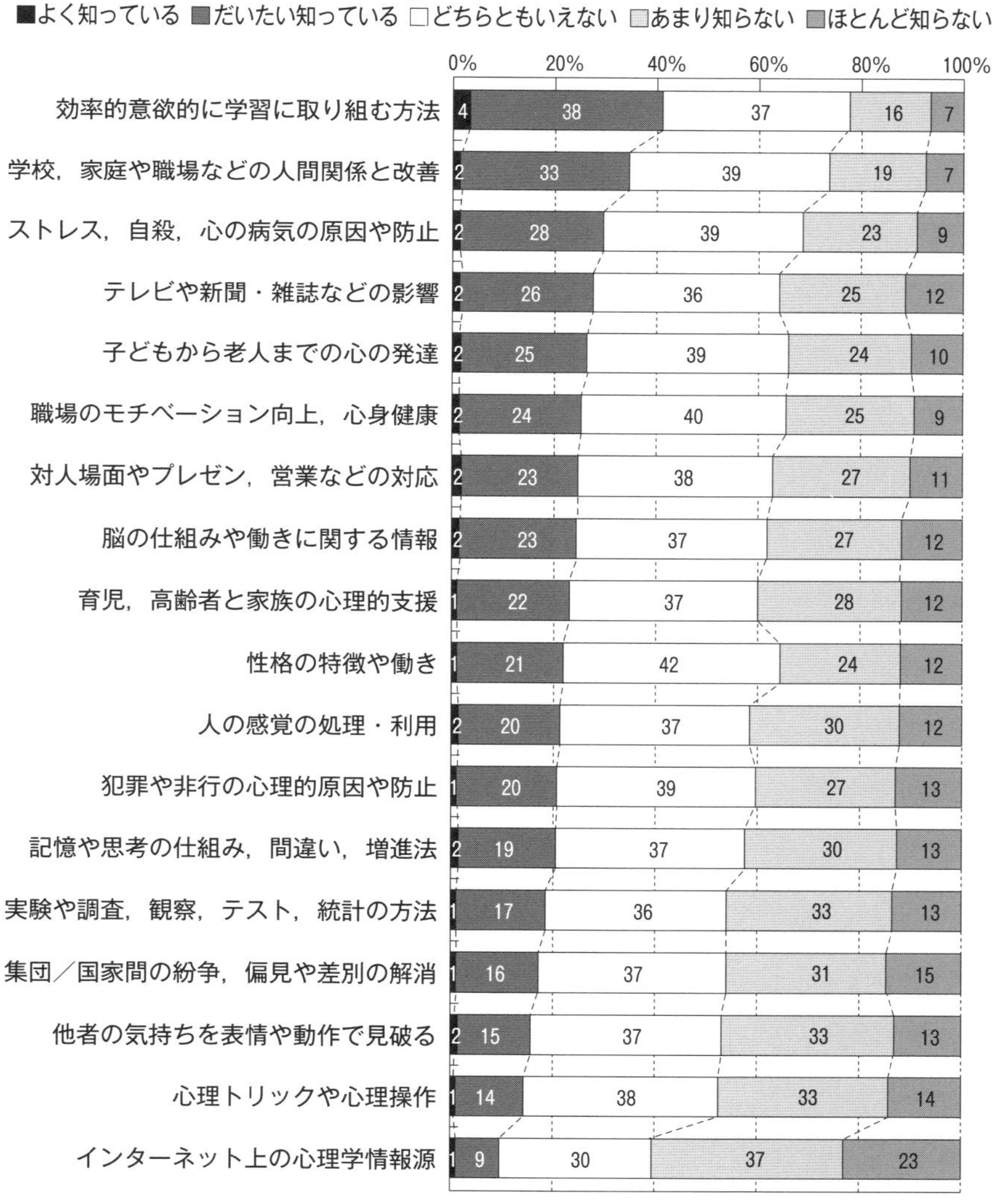

図 2-1　小中高の先生は心理学のどんなトピックを知っていると思っているか（回答比率〈%〉，1,548人）

「学校などでより効率的、あるいは意欲的に学習に取り組むための方法に関する情報」（四二％、一一％）
「学校、家庭や職場などの集団における人間関係と、その改善のための情報」（三五％、一五％）
「ストレス、自殺、心の病気の原因や防止、対処法に関する情報」（三〇％、一九％）、
「子どもから老人までの、心の発達に関する情報」（二七％、一二％）

以上の教員が市民よりも知っていると自己評価している項目は、大学の教職課程で学ぶとともに教員の仕事ともかかわるので、知っているという評価が高かったと考えます。

一方、「テレビや新聞・雑誌などの情報が人に及ぼす影響」（二八％、二八％）は、教員、市民ともに知っていると答える人が同程度でした。さらに、「職場のモチベーション向上、心身健康」（二六％、一八％）、「人と接する場面やプレゼンテーション、営業などでうまく対応する方法」（二五％、一六％）など、生活や仕事に役立つ情報を知っていると答える教員が、市民よりも多いことがわかりました。

また、「人一般の記憶や思考の仕組みやその間違い、記憶や思考を高める方法に関する情報」（二一％、一一％）、「実験、調査、観察、テスト、統計の方法」（一八％、一〇％）は心理学の基本的な知識ですが、知っていると答えた教員は二割、市民は一割でした。

D　学校の先生にとって役に立った心理学知識

心理学にはさまざまなテーマや領域がありますが、小学・中学・高校の先生に、どのようなテーマが教師として役に立ったかを、この調査では尋ねました。具体的には「あなたの教員としての学習指導、生徒指導において、大学あるいは本で学んだ知識が、どのくらい役に立ったか」について、十九のテーマについて五段階

（役に立った～役に立たなかった）または「学んでいない・わからない」で評定を求めました。

その結果、**図2-2**で示すように、「役に立った」「どちらかというと役に立った」と答えた教員の比率と、「役に立たなかった」「どちらかというと役に立たなかった」の比率を以下の示します（項目の下のカッコ内は、上が「役立った」比率、下が「役立たなかった」比率です）。役立ったテーマの上位は左記に示すとおり、四、五割の先生が「役に立った」「どちらかというと役に立った」と回答していました。

「発達――児童期から青年期までの心の発達」（五〇％、一五％）
「対人関係――学校、家庭などの集団における人間関係」（四四％、一四％）
「教育・学習――学校などでより効率的、意欲的に学習に取り組むための方法」（四一％、一六％）
「ストレス・心の病気――ストレス、心の病気の原因、対処方法」（四一％、一四％）
「心と身体の関係――心と身体がどのように影響しあっているか」（四〇％、一五％）

これらは、教職科目である「発達と学習」や「生徒指導・教育相談」などや、本で学んだ内容が、児童・生徒の発達過程、家庭や学校における対人関係、学習方法、ストレスなどを理解するうえで役立っていたためと考えます。一方で、これらを「学んでいない」や「役に立たない」とする比率も、それぞれ約三〇％、一五％ありました。

続いて、以下の項目は「役に立った」「どちらかというと役に立った」という回答が、おおむね三割を超えていました。

「性格――児童生徒の性格のありよう、性格テスト」（三四％、一七％）

次に挙げるのは，「心理学」の分野で扱われているテーマや領域を示す言葉です。あなたの教員としての学習指導，生徒指導において，大学あるいは本で学んだ知識がどのくらい役に立ったかについて，あなたのご意見をおうかがいします。それぞれについて，各テーマとその説明文をよく読んで「役に立った」から「役にたたなかった」までの5段階，あるいは「学んでいない・わからない」の1つでお答えください。

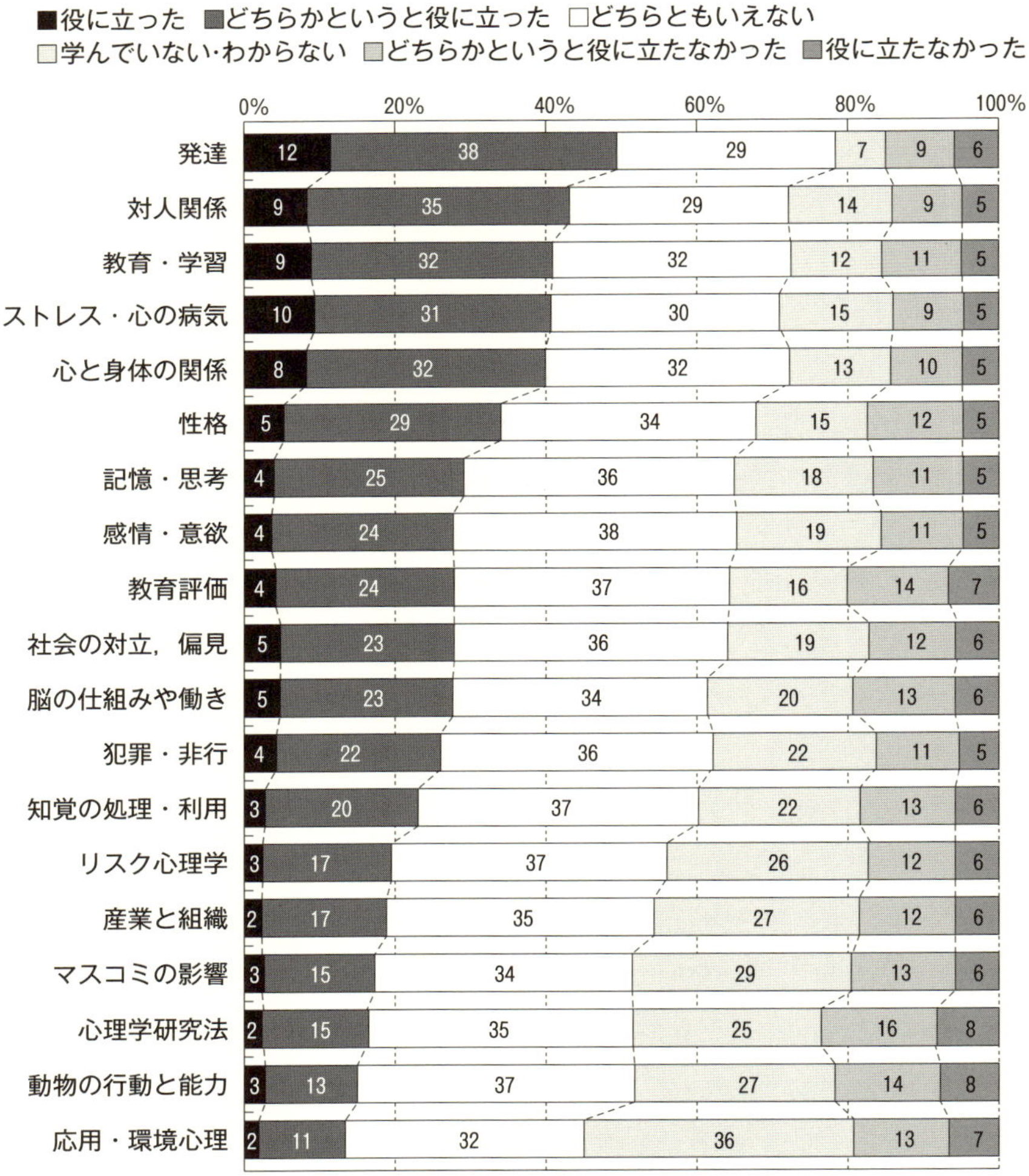

図 2-2　小中高の先生はどんな心理学が役に立ったか（回答比率〈%〉，1,548人）

「記憶・思考――記憶・思考の仕組みやその間違い、改善の方法」（二九％、一六％）
「感情・意欲――喜怒哀楽などの感情の動きや意欲の仕組み」（二八％、一六％）
「教育評価――より信頼でき、役に立つテストの作り方や、結果の解釈の仕方、教育実践への活かし方」（二八％、二一％）

以上のテーマも教職科目「発達と学習」の重要なテーマであり、心理テストの実施や解釈、学習指導において役に立っていたためと考えます。一方で、これらの科目を「学んでいない」「役に立っていない」とする回答も、それぞれ約三五％、一五～二〇％ありました。

また、「心理学研究法――科学として実験や調査の方法や統計的分析の方法」（一七％、二四％）は、「役立った」とする比率は低く、「学んでいない、わからない」は二五％でした。心理学研究法は、大学で心理学を専門として学んでいないと、身につけ、役立てることが難しいテーマと考えます。しかし、教員が心理学研究法の知識を身につけることは、データに基づいて実践的研究をするうえで不可欠でもあります。

以上をまとめると、小中高の先生の半数が役立ったと回答した心理学知識が「発達」であり、「対人関係」「教育／学習」「ストレス・心の病気」「心と身体の関係」が、四割程度で続くという結果でした。これは、教職課程における心理学教育の成果としては、必ずしも高いとはいえません。その理由は、小中高の先生が、心理学にもかかわる多くの問題を抱えているからです。

図2-3は、小中高の先生が心理学にかかわる次のような悩みを、どのくらい感じているかを尋ねた結果です。以下は、悩みを持っていると回答（「とてもそう思う」と「まあそう思う」）した教員の比率が、七～八割あったものを示しています。

あなたは，次のような悩みをどれくらい感じていますか。以下のそれぞれについて，「全くそう思わない」から「とてもそう思う」までの４段階から１つ選んでください。

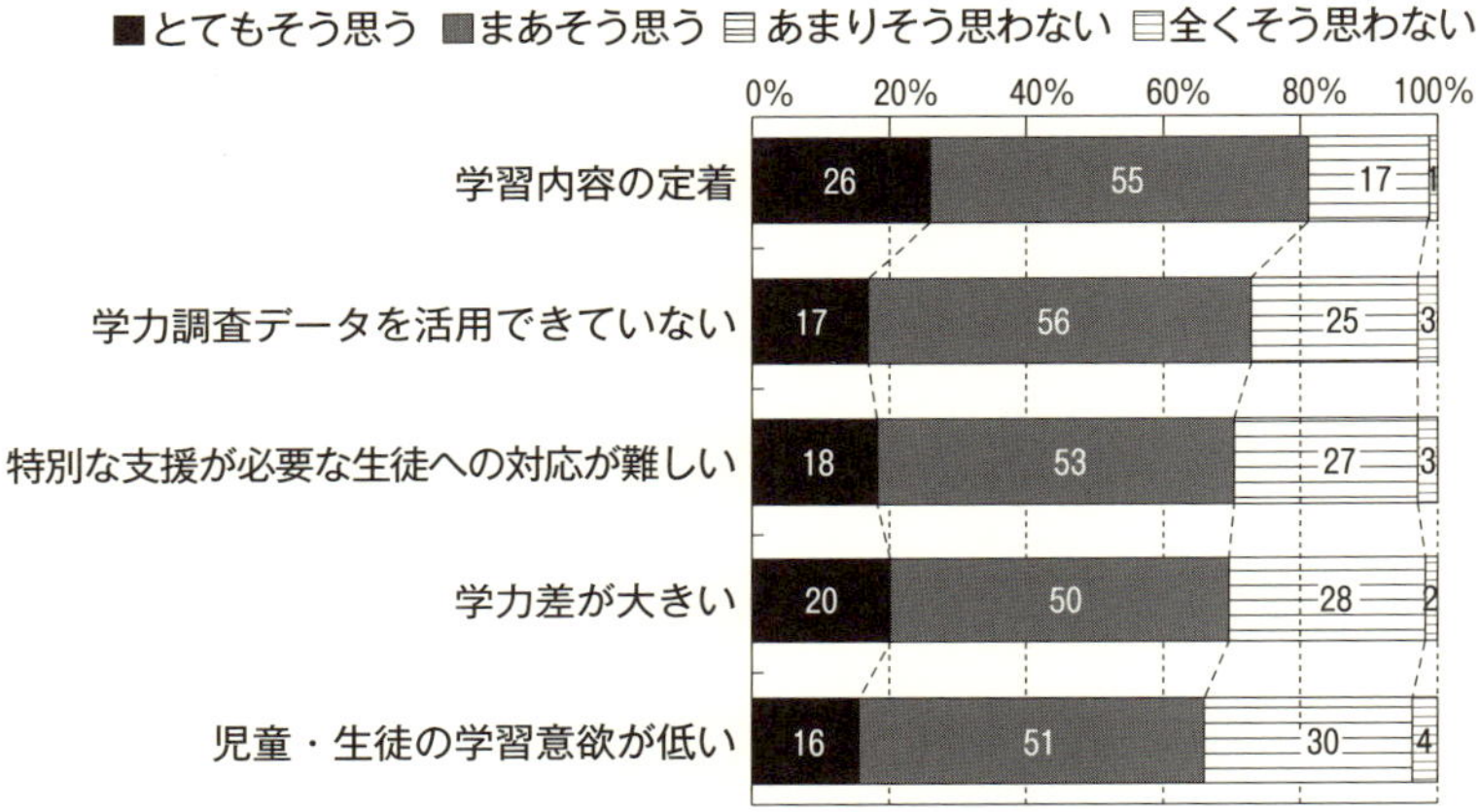

図 2-3　小中高の先生はどんな悩みを感じているか（回答比率〈%〉，1,548人）

「すでに学んでいるべき学習内容が定着していない児童・生徒が多い」（八一％）

「国や地方の学力調査データを活用できていない」（七三％）

「特別な支援が必要な生徒への対応が難しい」（七〇％）

「児童・生徒間の学力差が大きくて授業がしにくい」（七〇％）

「児童・生徒の学習意欲が低い」（六七％）

これらの先生の抱えている悩みの解決には、心理学の知識が一つの手がかりになると考えます。たとえば、「学習内容の定着」や「学力差が大きい」悩みには、「教育／学習」の知識を使って、児童・生徒が効率的、意欲的に学習に取り組むことができるようにすることが考えられます。「学力調査データを活用できていない」悩みには、「教育評価」の知識を用いてテスト結果を解釈し、児童・生徒の弱点を知り、それを補う対処をすることができます。「特別な支援が必要な生徒への対応が難しい」悩みには、「発達」「ストレス・

心の病気」「性格」の知識を用いて、発達の個別性を理解し支援をしたり、「学習意欲が低い」悩みには「感情・意欲」の知識を役立てて、適切な目標を設定して動機づけを高めたりすることが考えられます。

心理学の知識には、こうした教員の悩みの解決に直接関連するにもかかわらず、役立つという回答が多くないという現状があります。今後は、大学における心理学教育で学んだことが教育実践に活用できるように、応用力や教員になってからも学ぶ力を持った学生を育成することが重要と考えます。

E　学校の先生が実践から導いた心理学知識

小中高の先生は、心理学を大学や本で学ぶだけでなく、日々の教育実践から、心理学知識を引き出していると考えられます。これは、第1章2のAで述べた、仕事の経験に基づく現場の知識にあたります。調査では、以下の問いを出して、自由記述を求めました。

　あなたは、「やる気のない生徒にやる気を起こさせる」「効率よく記憶する」「仲の悪い児童生徒同士を仲良くさせる」など、教室において心理学がかかわることがらについて、教員としての経験からどのようなコツや方法を見出していますか。その一つを自由にお書きください。

その結果、一二八五人の回答が得られました。問いで例として挙げた三つにかかわるものが多くありましたので、以下でも大きく三つに分けて説明します。あわせて、回答のなかでキーワード出現した頻度を（　）内に示しました。

【やる気のない生徒にやる気を起こさせること】

これに関しては最も記載が多く、「良いところを見つけてその都度クラスの皆の前でほめる」〈小学校教諭、三十歳〉など、「ほめて伸ばす」「ほめる」（出現頻度九六）が最も多くありました。そのなかには、「ほめるときはむやみにほめるのではなく、タイミングが重要である。子どもたちは何が良くて何が悪いのかをよく知っているので、ごまかさず誠実に、ほめるときにはほめて、注意するときにはその場で注意する。公平に扱うことが重要」〈高校教諭、六十歳〉など、「できたらその場でほめる」といったタイミングの重要性、ほめることと注意することの両者の重要性（「アメとムチ」という言葉は三人が挙げていました）、「小さな目標を与え、達成できたらほめることとの繰り返し」〈高校教諭、四十六歳〉、「生徒の状況により目標レベルを設定し、目標を達成できたらほめることと、目標レベルを徐々に上げていくこと」〈高校教諭、五十三歳〉といったスモールステップの重要性など、「目標」を持たせる（二〇）、「興味・関心」を持たせる（四七）、「自信」をつけさせる（一八）など、心理学の動機づけ理論と対応するものがありました。

【効率よく記憶すること】

これに関しては、「やる気を起こさせる、効率よく記憶するための一つの手立てとして、社会の授業の最初の五分間は、地図帳ゲームや歴史上の人物・国旗のフラッシュクイズを毎回出している。楽しく社会事象とからめながら覚えられるように配慮している」〈小学校教諭、四十七歳〉など、ゲームやクイズの活用（六）や、社会事象や経験と結びつけることができるようにする、という記述がありました。「繰り返して定着させる」などの反復（一七）、語呂合わせ、リズムの活用など、記憶術への言及もありました。

【仲の悪い児童生徒同士を仲良くさせること】

これについては、「同じ出来事を共有させる」「楽しく遊びながら仲良くさせる」「当事者同士がかかわる機会を増やすことで、お互いの良さを実感させていく」〈小学校教諭、五十歳〉などの共有体験を通しての、「お互いを理解しあう」「お互いを尊重しあう」ことの指摘が多くありました。

【クラス集団をまとめること】

上記三つのほかにも、クラス集団をまとめることに関する言及が、二七と多くありました。たとえば、「クラス全員が一つの目標に向かっていくようにする」〈高校教諭、五十二歳〉、「学級での活動を単純作業から話し合い、協力する作業へと段階を上げていく」〈中学校教諭、三十二歳〉などがありました。

＊　＊　＊

このように、先生が自らの経験から引き出した心理学にかかわるコツは、学問的な心理学の動機づけ、記憶、対人関係などの研究と合致することがらも多いことがわかりました。これらは、関連する心理学の理論を学ぶことによって、うまくいく理由を説明したり、より幅広いことがらに一般化して応用することができます。そのためにも、先生は、実践から得たコツを理論と結びつけ、一方で、心理学者はこうした実践から学び、適切な理論を教員に向けて提供するという、良い循環を生み出すことが必要と考えます。

3 小中高で「心理学」をどのように教えるか

A 小中高で教科「心理学」を教えることへの賛否

「心理学」は、小学・中学・高校の教科にありません。学校設定科目として、高校が独自に心理学に関する科目を設定したり、総合的学習の時間で心理学を取り上げたりすることがありますが、その数は多くはありません。一方、米国では、アメリカ心理学会[1]が高校の心理学の授業のために一九九九年に標準カリキュラムを策定し、教材などを提供しており、全米の高校生の約三割の生徒が受講しています[2]。

こうした状況のなかで、日本心理学会では、日本学術会議心理学・教育学委員会：心理学教育プログラム検討分科会と共催で、二〇一〇年には、日本心理学会七十四回大会において学会企画シンポジウム「高校生への心理学教育」、二〇一一年に公開シンポジウム「いま、何故、心理学教育を高校に導入する必要があるのか？」を行い、高校生のための心理学講座を二〇一二年から全国で開催しています[3]。また、大学や心理学者の取り組みとして、出前講義のかたちで、高校生以下に心理学を教えるケースは数多くあります。出前授業の取り組みを紹介する「私の出前授業」は、日本心理学会の機関誌『心理学ワールド』に二〇一一年から連載されています[4]。

心理学に対する市民の理解を広げるために、米国のように心理学を教科として高校生以下に教えることは、効果的な方策と考えられます。そうした方策の検討材料として、小中高の先生が心理学の内容を授業で教えることについて、どのように考えているのかを調べることにしました。具体的には、「人の心にかかわる心理学の授業を、小中高校の教室で何らかのかたちで行う」ことについての賛否を、五択（賛成、どちらかというと賛成、どちらともいえない、どちらかというと反対、反対）で聞きました。その結果は、**図2-4a**で示すとおり、「賛成」と「どちらかというと賛成」を合わせると六三％が賛成でした。

さらに、「心理学を何らかのかたちで教えるとしたら、どの学校段階から教えるとよいと思うか」を五択（小学一年、三年、五年、中学、高校）で回答を求めました。結果は、**図2-4b**で示すとおり、中学三五％、小学校五年三一％、高校一五％でした。中学生に心理学を教えるということへの賛成は、それ以前の小学校段階からのスタートも含めると八五％でした。

次に、「心理学を教えるとしたら、どの教科で教えるとよいと思うか」を、**図2-4c**で示す五択で聞いたところ、「総合的な学習の時間」（三六％）が最も多く、続いて「道徳」（三一％）が多いという結果でした。一方、「独立した授業科目」（一七％）、「既存の科目（社会科・理科など）内」（一三％）が少ないことは、科目新設は学習指導要領の改訂が必要なため、教員として現実的な方策として回答していることがわかりました。

現在、高校においては、心理学に関する内容は「現代社会」「倫理」「生物」「保健」「家庭」のごく一部で扱われています。たとえば、「現代社会」では〈青年期と自己の形成〉に関する単元で、生涯における青年期の意義について、「倫理」では〈現代に生きる自己の課題〉に関する単元で、青年期の心理的特徴や課題について取り上げています。「生物」では〈動物の反応と行動〉に関する単元で、刺激の受容（感覚・知覚）と反応、行動について取り上げています。「家庭」では〈子どもの発達と保育〉、「保健」では〈精神の健康〉の単元で、人間の欲求と適応機制、ストレスについて取り上げています。

しかし、「心理学」のテーマであるとは明示されていないため、高校生がこれらのテーマを大学で深く学びたいときに、心理学を学ぶ学部学科に行けばよいことはわかりにくいと思います。また、高橋と仁平[2]は、「倫理」の教科書は、執筆や検定に心理学者がほとんど関与していないため、教科書に少なからぬ誤りや問題のある記

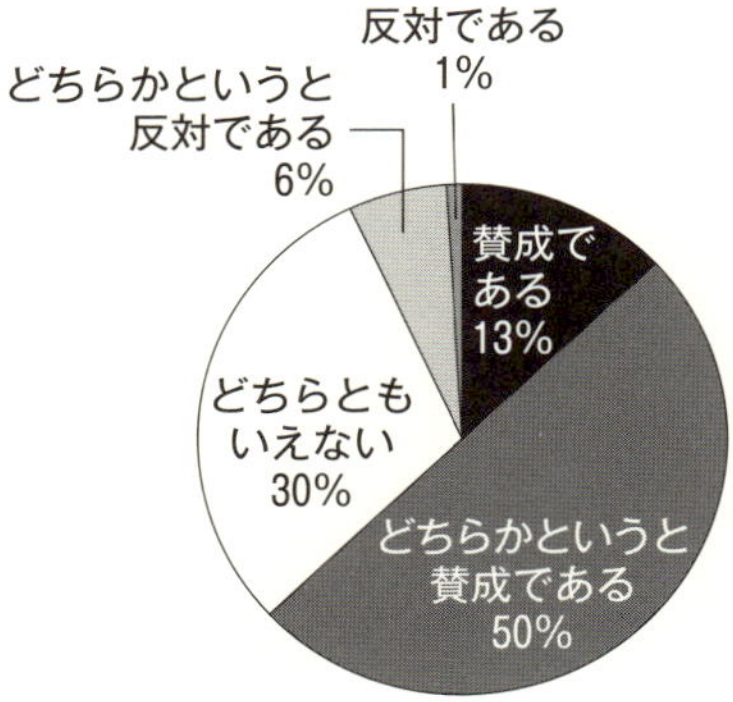

(a) 心理学の内容を何らかのかたちで学校の授業で教えることに賛成ですか(1,548人)。

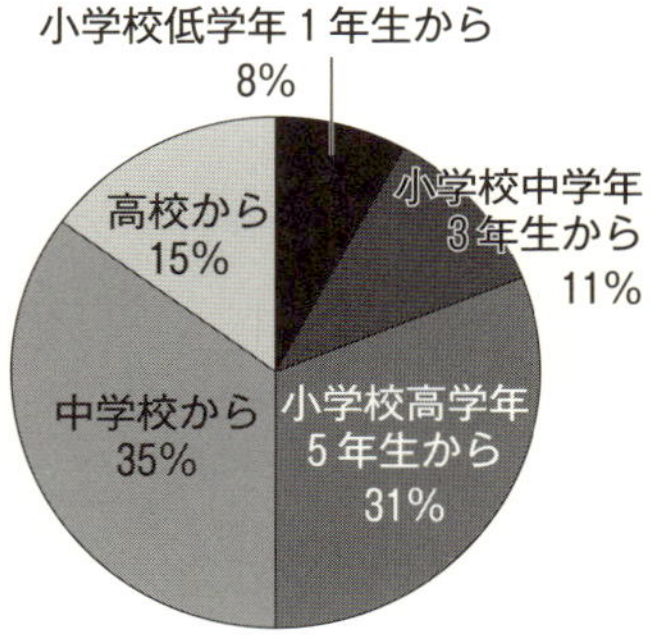

(b) 心理学を何らかのかたちで教えるとしたら，どの学校段階から教えるとよいと思いますか(1,449人)。

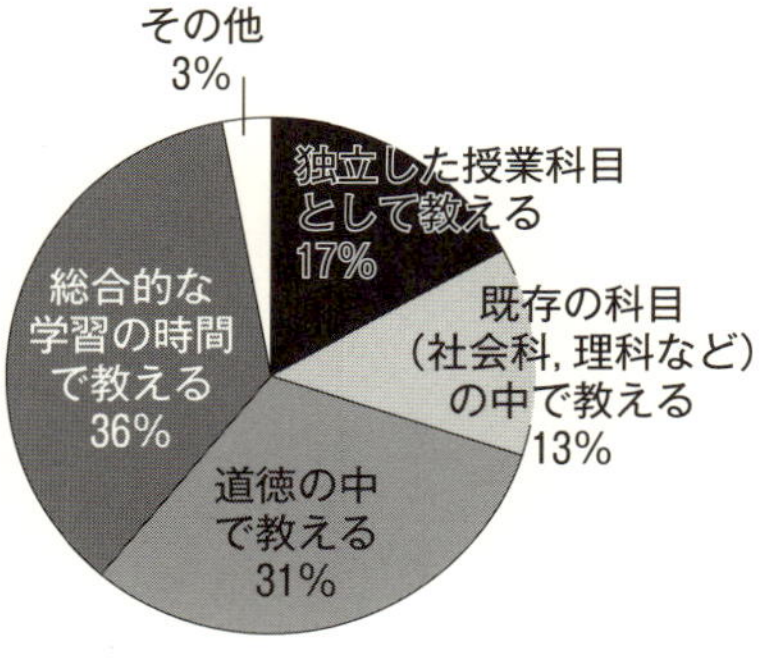

(c) 心理学を教えるとしたら，どの教科で教えるとよいと思いますか(1,449人)。

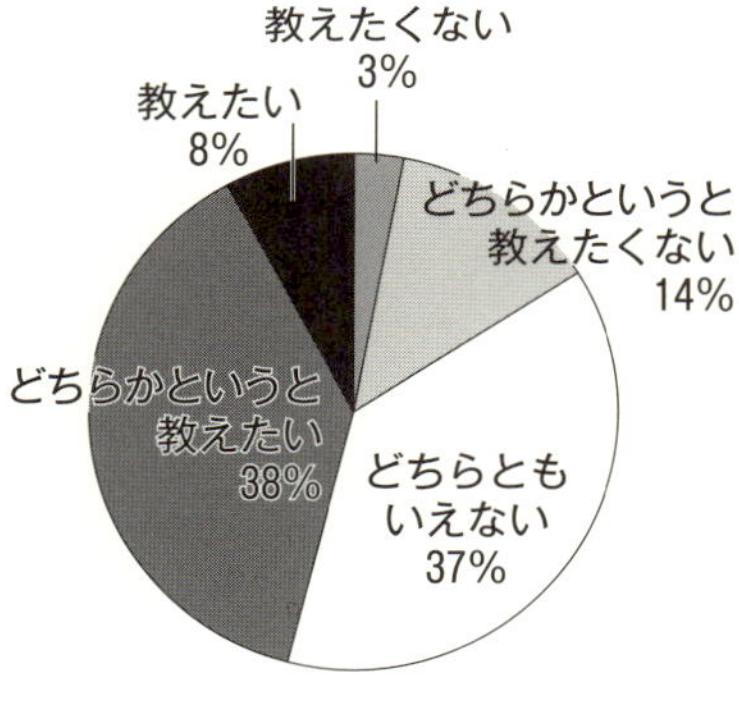

(d) あなたは心理学の内容について，自ら児童生徒たちに教える機会をもちたいと思いますか(1,548人)。

図 2-4　教員は心理学の内容を授業で教えることについてどのように考えているか

述が見られることを指摘しています。

そのほか、心理学に間接的にかかわる教科とその内容としては、「国語」では物語における人の気持ちの理解、「数学」では心理学の方法論とかかわる統計、「芸術」では創造性や作品理解、「外国語」では異文化の理解、特別活動では自分の特性の理解やチームワークなどがあります。

B　自分が教科「心理学」を教えることへの賛否

「心理学の内容について、自ら児童生徒たちに教える機会をもちたいと思うか」を、図2-4dのように五択で尋ねたところ、「教えたい」（八％）と「どちらかというと教えたい」（三八％）の合わせて四六％が教えたいという意向を示していました。一方、それ以外の回答（教えたくない、どちらかというと教えたくない、どちらともいえない）をした先生八三四人に、五つの理由を挙げて複数選択で回答を求めたところ、その選択率は以下のとおりでした。

「心理学についてよく知らないから」（五七％）
「どのようなテーマを教えたらよいかわからないから」（三七％）
「利用できる教材を知らないから」（三七％）
「他の仕事で忙しくて手がまわらないから」（三二％）
「心理学にはまだ答えが一つに定まっていない話題が多いから」（二九％）
「その他」（七％）

これらの教える際の問題は、アメリカ心理学会のように学会による適切なサポート（カリキュラムや教材の開発、リソース集、研究集会など）を充実することによって、解決ができると考えます。

次に、もし仮に、高校生に心理学に関する内容を授業で教えるとすると、２のＤ（図２-２）と同じ十八のテーマ・領域についてどのくらい重要かを、五段階（重要である～重要でない）で評定を求めました。その結果、**図２-５**で示すように、「重要である」と「どちらかというと重要である」と判断した教員の比率は、「対人関係」（八七％）、「ストレス・心の病気」（八六％）、「心と身体の関係」（八二％）が上位三つであり、八割以上を占めていました。これらはメンタルヘルス関連の領域であり、心理教育（psychoeducation）として、自分の心を心理学的に知り、対処することを重視したものといえます。続いて「教育・学習」（七六％）、「社会の対立、偏見」（七五％）、「性格」（七五％）、「犯罪・非行」（七〇％）が七割を超えました。これらは高校生が効率的な学習活動に自覚的になったり、社会を知り自己理解を深めるうえで、必要な領域といえます。そのほか、「感情と意欲」（六七％）、「マスコミの影響」（六〇％）、「リスク心理学」（六〇％）、「記憶・思考」（六〇％）、「産業と組織」（六一％）など、幅広い領域が六割を超えていました。

一方、「心理学研究法」（三三％）は高校生の生活との結びつきが見えにくいため、重要度評価が最も低かったと考えられます。しかし、総合的な学習の時間などにおいて、心理学をテーマに取り上げて探究学習を行うためには、実験や調査、観察などの心理学研究法の基礎を学び、科学的な方法や考え方を身につけることも大事です。たとえば、アメリカ心理学会による高校生のための心理学カリキュラムの到達目標の一番目には、「科学的態度とスキル（批判的思考と問題解決を含む）を育成し、科学的方法論への認識を深める」とあります。[1] 日本においても、高校生に心理学を教えるときには、心理学研究法を教える、あるいは別テーマを通してその心理学研究法を教えることが重要と考えます。

質問紙の最後に設けた自由記述欄には、学校で心理学を教えることについての意見が寄せられていましたの

次に挙げるのは,「心理学」の分野で扱われているテーマや領域を示す言葉です。この質問では,もし仮に,高校生に心理学に関する内容を授業で教えるとすると,これらのテーマがどのくらい重要かについて,「重要でない」から「重要である」までの5段階から1つ選んでください。

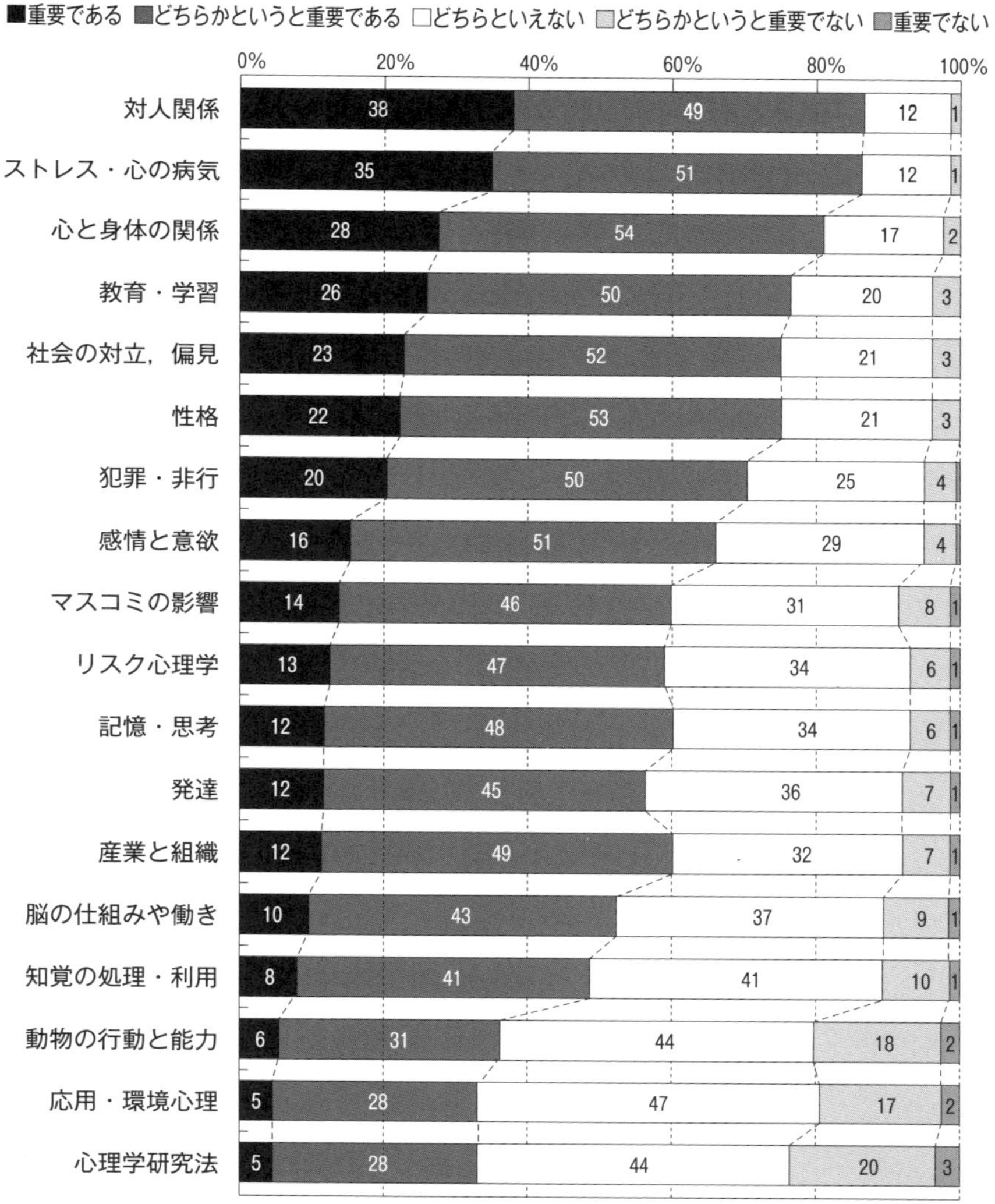

図 2-5　高校生に「心理学」を教える際のテーマの重要度（回答比率〈%〉, 1,548人）

で紹介します（詳細は4のBを参照）。

高校生の進路指導とのかかわりについては、次の意見がありました。

「心理学がもっと生徒たちにとって身近な学問であることを、アピールしていってほしい」（高校教諭、三十一歳）

「心理学は地道な学問だと思う。『人の心がわかるようになる＝自分の心がわかるようになる』的な先入観で心理学部を目指す生徒がかつて多かったが、心理学とはどんなもので、何の役に立つかを、生徒たちにわかりやすく教えてやってほしい」（高校教諭、五十歳）

このように、高校における心理学教育によって、高校生が心理学を適切に理解したうえでの進路選択ができるようにする必要性が、指摘されていました。

また、心理学教育の目的については、次のような指摘がありました。

「怪しい心理学による決めつけが多く、また、多くの人がそれに振り回されていると感じられます。教科『道徳』で使用できるような、『心』についての学習をするための教材開発や、教員向けの研修講座の充実などを期待しています。心の動きを知ることは、自分自身を客観的に見つめる助けになり、現代人には必要であると感じています」（小学校教員、四十五歳）

「単純に学校で教えてもらえば済むというようなことでは、やる意味がない。子どもに何を学ばせたいのか、それを学ばせることによって、その後の社会にどのような影響をもたらすのかを、考えてほしい」（中学校教諭、三十七歳）

このように、日本において心理学を学校で教えることを目指すには、未来を生きる児童・生徒をどのように育み、どのような社会を築くのかを考える必要があります。

4　教員は心理学者・心理学会に何を期待しているのか

A　教員は心理学者・心理学会の活動をどう評価しているのか

小中高の教員に対しても、第1章5のCの市民に対しての質問と同様に、「心理学の研究者やその集まりである学会が、市民のために行おうとしている十三の活動について、これらの活動が社会にとって重要か」、五段階（重要である〜重要でない）で評定を求めました。その結果は、**図1-8**の左側の市民と右側の教員で対比して示しています。

学校にかかわる心理学者や学会への期待について、重要（重要＋どちらかというと重要）と回答した比率が高い順に、市民と教員の結果を示すと以下のとおりです（上が教員、下が市民の比率です）。

「小中高校への心理相談員や学習支援者の派遣」（七六％、七三％）
「小学校・中学校・高校で心理学の授業をする」（五四％、五〇％）
「児童生徒向けの心理学の公開講座を行う」（四九％、四六％）
「児童生徒向けパンフレットの作成」（四二％、三六％）
「博物館などの心理学展示」（三八％、三三％）

市民と教員を比較すると、教員のほうが重要と判断する比率が全体に高く、とくに心理相談員や学習支援者の派遣の重要度が高いことがわかります。これまで心理学者や日本心理学会が進めてきた出前授業、公開講座について、「重要である」という回答比率はおおむね半分、博物館展示は三八％でした。

学校以外のことがらについても、以下のとおり、教員の期待は市民よりも全体に高いことがわかりました（上が教員、下が市民の比率です）。

「災害が起きたときの被災者や行政への支援」（七七％、七〇％）
「市民が気軽にアドバイスを受けられるように相談会や窓口を設ける」（六二％、五九％）
「明らかに間違っている情報や書籍を指摘・告発する」（六〇％、五七％）
「企業での社員研修などへの講師などの派遣」（六一％、五七％）
「国や地方自治体に対してアドバイス」（四一％、三八％）

このように、心理学者や心理学会の活動への教員の重要性判断が市民よりも高いのは、教育実践の現場において心理学を必要とし、また心理学を理解しているためと考えられます。次項では、心理学者や心理学会の活動への期待をより具体的に把握するために、自由記述の分析を行いました。

B　教員は心理学者・心理学会に何を期待しているのか

質問紙の最後に、「あなたは心理学、そして心理学者が集まり研究・教育活動を行っている日本心理学会に、何を期待していますか。あなたのお考えを自由にお書きください」と、自由記述を求めました。その結果、一四九九人の有効回答が得られましたので、大きく五つに分けて説明します。

【現場を知り、実践に役立つ提案をしてほしい】

回答では、キーワード「現場」が一一二回と、高い出現頻度でした。また、現場に即した実践的研究を進め、心理学者にもっと現場訪問をしたり、教育機関との連携を進めてほしいという提案がありました。たとえば、以下のものです。

「問題を解決し、生きていく力を身につけさせ、自分の生き方を積極的に見つけようとする学習意欲を高める方法など、実践的な教育心理について研究を深めていただきたい」（高校教諭、五十八歳）

「現場における情報収集および心理学からのアプローチだけではなく、教育現場側に立った考察。心理学と現場教育との融合。互いの垣根を取り払い、子どもたちの未来を構築していくための、たゆみなき努力が必要」（中学校教諭、五十一歳）

一方、現場を無視した机上の空論では困る、という記述もありました。

「机上の空論でなく、具体的な事例に即したわかりやすい研究発表」（中学校教諭、三十一歳）

「机上の空論ではなく、本当にできない生徒、学力が低い生徒のための指針を指摘してほしい（高校非常勤講師、四十二歳）。

「研究のための研究にならないようにしてほしい。研究者はともすると自己満足で、社会とのつながりや社会的責任を自覚せずに自説にこだわる方が多い。そうならないように願いたい」（中学校長、五十六歳）

【有用な心理学のデータや知識を提供してほしい】

この要望のなかには、わかりやすく具体的な提言や情報、効果的な方策の提供、信頼できる新しい知識の提供、研修、出版などの要望がありました。たとえば、次のようなものです。

「多くのサンプルを収集し、より信頼性の高いデータが公表されると役に立つと思います。教員の研修の講師として講演していただくのも、おもしろそうだと思います」（高校教諭、三十歳）

「最新の研究成果をもっと教育界に知らしめるべきと思う。教育界は古い心理学をもとに学習してきた教員が多く、進歩について行っていない。そのために、児童生徒がついて行けない」（小学校教頭・副校長、五十六歳）

「学問的に整理していただき、精神論ではない、学術的な観点から生徒とかかわれるようになりたい」（中学校主幹教員、四十七歳）

また、情報の提供方法に関しては、心理学に関する情報を見つけやすくしてほしい、という要望がありました。たとえば、次のようなものです。

「情報を見つけやすく、どのような情報がどこで得られるかを見通せる仕組みの構築」（中学校教諭、五十歳）

「何か知りたいことがあったときに、頼れるところがあること」（中学校教諭、四十九歳）

「いろいろな情報をインターネットなどで見つけやすくしてほしい。また、心理検査の方法を知りたい（中

学校教諭、六十一歳）

「もっとさまざまなデータを簡単に知ることができるようになれば、良いです」（高校教諭、三十九歳）

「しっかりした研究に基づいた結果を、インターネットなどでわかりやすく説明する」（小学校教諭、二十七歳）

また、専門用語を多用しないでわかりやすく伝えてほしい、という要望がありました。

「教育界にわかりやすい提言（効果的な実践方法など）をしてほしい。心理学の専門用語の多用は止めてほしい」（高校教諭、四十七歳）

こうした、データや知りたいことを見つけやすくするという要望のほかに、学習機会の提供に関する次のような要望もありました。

「いつでも心理学について学べる環境を作ってほしい」（小学校教諭、三十三歳）

現在、日本心理学会では、ホームページで情報提供を行っていますが、さらに必要な情報を見つけやすくし、学習機会を提供する（大学のオープンコースウエアなどとのリンク集を作るなど）工夫が必要と考えます。

【個々のテーマに関する情報を提供してほしい】

第三は、第二とかかわりますが、個別的テーマに関する情報提供の要望（児童・生徒のための効果的な学習方法、集中の方法、生徒指導法、学習環境づくりに関する方法）です。たとえば、次のような具体的な要望がありました。

「発達段階に合った指導基準の確立。たとえば、今の英語教育の教材配列と指導内容は、発達段階に充分適しているとはいえないと思う」（中学校教諭、五十六歳）

「実際に教壇に立つ者の考えや疑問等を聞き、心理学的見地からの助言を与えること」（中学校教諭、三十七歳）

「集団での心理学。学級集団がいかに統率されて学習できる集団になるか」（小学校教諭、五十歳）

「問題に対する対処法の具体的事例の提示。その提示を、教員だけではなく地域・保護者など、生徒にかかわるすべての方々へ提示し、事実を知っていただけるシステムの構築と運用を期待したい」（高校教諭、三十四歳）

「教員同士、生徒同士、または教師と生徒の間、教師と保護者の間で良好な対人関係がもてるような、人との関わり合い方についてさまざまな啓発活動を行ってほしい」（高校教諭、三十九歳）

「子どもたちの心をつかみ、良い方向にもって行くための方法を教員に指導すること。子どもたちが周囲とうまくやっていくためのソーシャルスキルの演習」（中学校教頭・副校長、五十二歳）

「現在の子どもは、コミュニケーション能力やリスクに対する対処法・心理的葛藤をうまく処理するスキルを積極的に学ぶ必要がある。そのためのカリキュラム作成と、小中学校での実践が望まれる」（中学校教諭、五十一歳）

そのほか、児童生徒の心の理解、保護者の対応、不登校対策、発達障害児への対応、生徒の意欲向上にかかわる情報提供へのニーズがありました。

【心理的なサポートをしてほしい】

第四としては、具体的なメンタルサポートの要望です。とくに、教員そして児童生徒の心理的サポートについて、ストレスへの対応、自分を知り、成長し、心のコントロールもできるようになることなどです。また、スクールカウンセラーなどに関する要望もありました。たとえば、次のことがらです。

「仲間を大切にしたピアサポートの要素を取り入れたもの、カウンセリングを現場で取り入れやすくした実践例など」（小学校養護教諭、三十一歳）

「教員のスーパーバイザーとしての役割を期待したいです。日常に対応の難しい生徒や保護者とかかわるなかで、心理的負担を強いられている教員が多く見られます。そういった人たちをスーパーバイズして支えてもらえるような体制や研究が、もっと活発になればいいなと思います」（高校教諭、三十二歳）

「震災が起こり、人は多くの不安やストレスにさいなまれ、今まで以上に心理学的な側面からのアプローチが期待される。有事のときだけでなく、普段の生活のなかでのストレス解消法等も含め、もっと積極的に前面に出て私たちにアプローチをしてほしい」（中学校教諭、四十五歳）

調査時期が東日本大震災の一年後だったため、被災し避難した児童生徒についての支援の要望が、十一人からありました。

【社会と積極的にかかわってほしい】

第五は、心理学全体、心理学者に対する要望です。心理学者や心理学会が、社会全体に対して積極的に関与することを期待するものです。行政・マスコミに向けて、さらに社会全般へ向けての発信の要望がありました。

「もっと積極的なアプローチで教育行政に参加をしてほしい。若い教職員のレベルアップのための研修会を持ってほしい」（中学校教諭、五十一歳）

「もっと広く活動してほしい。行政も教育機関もだが、保護者としても心理学の観点からのアドバイスを欲していると思う。行政・教育機関・地域・保護者のまとめ役としても、心理学に精通している人の力が必要なのではないかと感じる」（中学校非常勤講師、三十歳）

一方で、次のような厳しい意見もありました。

「心理学会には何も期待しない。そもそも学会など、学校の教員の苦労や悩みの実情を理解しているとは思えない」（小学校教頭・副校長、五十八歳）

また、心理学への誤解がまだある、という指摘もありました。

「ちまたに広まっている安っぽい『心理クイズ』が『心理学』の品位を落としているし、信頼感を失わせている。人の気持ちをわかっていると思い込んでいる心理学者には辟易する」（高校教諭、三十四歳）

「心理学がブームのようになって中途半端な知識が広がり、かえって弊害になっているように思うので、正しい知識をもっと知らしめるような活動を期待します」（高校常勤講師、四十八歳）

こうした心理学に対する誤解の解消のためには、学校において、そして社会に対しての発信が、次の指摘にあるように大切と考えます。

「心理学そのものを、もっと認知させ、実社会や教育界に活用できるように導いてほしい」（高校教諭、五十三歳）

「心理学がもっと生徒にとって身近な学問であることを、アピールしていってほしい」（高校教諭、三十一歳）

「講演も大いに期待するが、やはり何か難しい学問として考えている人が多いと思うので、身近な周りにおこる出来事などを、具体的事象として紹介してもらいたい」（高校教諭、四十六歳）

「身近な問題の分析等を、より広範なメディアを利用して社会に還元してほしい。専門学術誌の論争をわかりやすく解説する場などを増やして、心理学が身近な存在であることを認識できる取り組みを重視してほしい」（高校教諭、五十九歳）

最後に次のような指摘もありました。

「教員だけでなく、一般市民にも、心理学から導かれる幸福な社会への指針を示唆してもらうこと（押しつけや決めつけではない）」（小学校教諭、五十一歳）

幸福な社会への指針は一つではなく、心理学の成果を踏まえた一つひとつの良き指針の積み重ねが、幸福な社会を導くと考えます。

5 まとめ

本章では、小学・中学・高校の先生と教育に焦点を当てて、「先生が心理学を知っているのか、使っているのか」、そして、「学校で心理学を教えることについてどのように思っているのか」について、小学・中学・高校の先生千五百人を対象とした調査を行い、その結果に基づいて説明しました。

第一のテーマは、先生の持つ心理学の知識でした。調査の結果において、十八の心理学のトピックについて「心理学知識を知っている」と答えた教員はおおよそ二〜四割で、市民の一〜二割よりも高い結果でした。それは主に、学校での学習方法や人間関係、ストレス、発達など、大学の教職課程で学ぶとともに、教員の仕事ともかかわる内容でした。一方で、心理学知識テストの正答率は五割で、市民の四割に比べて高い結果でした。教員は、とくに教育にかかわる内容についての正答率は高く、大学の教職課程で学問としての心理学を学んでいるためと考えられます。

また、心理学の知識が学習指導・生徒指導に役立つかを聞いたところ、半数が役立ったと回答した心理学知識が「発達」であり、「対人関係」「教育・学習」が四割程度で続きました。教員のための心理学教育の成果としてはやや低い結果でした。教員の持つ悩みとして、「学習内容の定着」や「学力差が大きい」などは七〜八割が挙げていますので、その解決策に心理学の知識が役に立っていないのは深刻な問題です。しかし、学校の先生は、日々の教育実践から現場の心理学知識として、多くのコツを引き出していました。これらは学問的な心理学における動機づけ、記憶、対人関係などの研究と合致することがらも多いことがわかりました。こうした実践から得たコツを心理学理論と結びつけ、一般化することで、現場で役に立つ心理学をつくることができると考えます。

第二のテーマは、学校で心理学を教えることです。「人の心にかかわる心理学の授業を、小中高校の教室で何らかのかたちで行う」ことについての学校の先生の賛成は、六三％でした。教える段階については、中学生に心理学を教えるということへの賛成は、それ以前の小学校段階からのスタートも含めると八五％でした。次に、どの教科で教えるかについては「総合的な学習の時間」が四割と最も多く、「道徳」が三割で続きました。自分で「教えたい」と回答した先生は八％で、「どちらかというと教えたい」を含めると四六％でした。それ以外の先生に「教えたくない」理由を尋ねると、「どのようなテーマを教えたらよいかわからないから」「利用できる教材を知らないから」などの問題点がありました。これらは、学会による適切なサポート（カリキュラムや教材の開発、リソース集などの提供）によって解決が可能であると考えられます。

教える内容の重要度については、「対人関係」「ストレス、心の病気」「心と身体の関係」などのメンタルヘルス関連の領域が、回答した教員の八割以上が重要と答え、「教育・学習」「社会の対立、偏見」「性格」「犯罪・非行」などが、七割を超えていました。一方で、「心理学研究法」は三割でした。個別のトピックとともに、科学的方法論の重要性と内容を伝えることが鍵であると考えます。

最後に、心理学者、心理学会への期待を尋ねたところ、「小中学校への心理相談員や学習支援者の派遣」は七六％と高いものでした。また、自由記述においては、大別すると五つに分かれました。すなわち、①現場を知り、実践に役立つ提案、②有用な心理学のデータや知識の提供、③児童・生徒のための効果的な学習方法、集中の方法、生徒指導法、学習環境づくりに関する方法の提供、④具体的なメンタルサポート、⑤社会全体に対する積極的な関与でした。

以上のことをまとめると、小学・中学・高校の先生は、アカデミックな心理学の知識については一般の市民より正確な知識を持つが、教育実践に役に立っているという認識は低いものでした。一方で、自らの実践に基づいて、現場の心理学の知識を引き出していました。また、学校で心理学を教えることについては六割が肯定的でしたが、心理学者や心理学会から多くのサポートが必要なことがわかりました。以上を踏まえると、学校で先生がより良く教えるために心理学に対して何を求めているのか、そして心理学が果たす役割について、以下の二つがあると考えます。

第一は、心理学者が教育現場に足を運び、現場の教員と連携して、教育実践のなかで蓄積した心理学にかかわる現場の知識を心理学の理論で裏付けをし、一般化をして、心理学のなかに取り込むことです。このことによって、教育にかかわる心理学が机上の空論ではなく、実践に役立つものになると考えます。

第二は、学校教育において、心理学の重要なことがらを、方法論も踏まえるかたちで系統的に教えることです。そのためには、心理学者、心理学会が教育現場と協同して、カリキュラム、教材、リソースなどを作成することが必要と考えます。

〈付記〉

二〇二二年度からの高等学校の学習指導要領の改訂によって、公民科における「倫理」において、人格、認知、感情、発達に関する心理学の内容が導入されることになった。日本心理学会では、教育研究委員会に高校心理学教育小委員会を二〇一八年秋に発足させて、高校生や高校教員に向けての支援（たとえば、教員向けのシンポジウムや講習、教員・生徒向きの参考書・ホームページなど）を検討している。

【引用文献】

（1） American Psychological Association (2011) *National standards for high school psychology curricula.* American

Psychological Association.
（2）高橋美保・仁平義明（2011）「高校生になぜ心理学教育をするのか――大学と高校の心理学教育の目標のちがい」『白鷗大学教育学部論集』五巻一号、九三-一一四頁
（3）日本心理学会監修／内田伸子・板倉昭二編著（2016）『高校生のための心理学講座――こころの不思議を解き明かそう』誠信書房
（4）仁平義明（2015）「私の出前授業――出前授業はどれだけ「心理学」を代表できるか」『心理学ワールド』七一号、三〇-三一頁

【推薦図書】

市川伸一（2013）『勉強法の科学――心理学から学習を探る』（岩波科学ライブラリー 211）岩波書店

学校の先生に教えてほしい、生徒の皆さんに使ってほしい心理学の一つとして、勉強法に関する認知心理学があります。この本は、実験を体験しながら学習や記憶の仕組みを知ることによって、自分の学習法を見直すことができる本です。持っている知識を使って「わかる」ことによって、学ぶことが楽しくなり、うまく覚えることにつながることを知ることができます。

第3章 大学ではどんな心理学を教わるの？
——深く学ぶために

【岡田謙介・星野崇宏】

日本の大学では、心理学はどの学部・学科で、どのような科目が教えられているのでしょうか。大学の先生はどのような分野に多いのでしょうか。また、授業はどんなふうに行われているのでしょうか。大学で心理学を学びたいと考えている皆さんに、受験情報誌とはひと味違ったかたちで、日本の心理学教育の現状と、どこでどのように学ぶことができるのかを、四四三大学の調査の結果に基づいて説明します[1]。

1 心理学を学ぶことのできる大学とその教員

心理学という学問は、大半の人にとって、大学で初めて学ぶことになる学問でしょう。ですので、高校生の読者や、大学で心理学を専門に学ばなかった読者には、その姿をイメージすることが必ずしも容易ではないかもしれません。この章では、わが国における心理学教育が、どんな大学で、どんな教員によって、どんな形態で、どんな科目として教えられているのか、ということを調査結果に基づいて見ていくことにしましょう。

日本の仕組みでは、大学を開校して運営することができるのは、大きく分けて三つの主体になります。まずは国。つまり、日本国は大学を作ることができます。国によって設置される大学は「国立大学」と呼ばれます。次に地方公共団体。つまり、都道府県や市町村は大学を作ることができます。地方公共団体によって設置される大学は「公立大学」と呼ばれます。公立大学には、県によって設置される県立大学や、市によって設置される市立大学などが含まれます。三番目に、国や地方公共団体ではない民間の人も、学校法人という学校を作って運営するための団体を作り、これを主体として大学を設置することができます。学校法人によって設置される大学は「私立大学」と呼ばれます。このように、大学の設置形態としては大別して国立大学、公立大学、私立大学の三種類があります。

日本の大学における標準的な在学期間は、四年が原則となっています。一方、在学期間が一～三年である「短期大学」（短大）もあります。そして短期大学のなかにも、心理学を学ぶことのできるコースや心理学の教員が在籍しているところはあります。

このように、いくつかのタイプの大学があるなかで、今回の調査で私たちがまず明らかにしようとしたのは、日本のどのような大学で、どのようなスタッフが心理学の教育・研究に携わっているのかということです。そこで調査では、専門分野が心理学である大学教員が、調査対象となった各大学の心理学科・心理学科などの部局にどれだけの人数がいるのかを尋ねました。

大学教員に与えられる職業上の地位は、大きく分けて四種類あります。標準的なキャリアの順番に並べると、助教、講師、准教授、教授です。「助教」はかつては助手と呼ばれていた、大学教員のなかでは最も若手の職位です。若くても独立した研究者であることをはっきりと示すために、近年は助手ではなく助教と呼ばれるようになりました。「講師」は大学以外や非常勤の場合にも使われることがあるので、やや注意が必要です。大学における常勤職としての講師は、助教と准教授の中間に位置する職位です。とくに大学の常勤職であることを明示する場合には、専任講師と呼ばれることがあります。さらに職階が上がった准教授と教授は、おそらく耳にしたことがある方も多いかと思います。「准教授」はかつては助教授と呼ばれていましたが、やはり独立した研究者であることを示すためや、助教と混乱を招かないようにするために、近年では准教授と呼ばれるようになりました。そして、大学で研究・教育を分野の専門家として担う、最上位にあたる職位が「教授」です。

以下ではいくつものグラフを提示しますが、図3-2を除くすべては、今回の日本心理学会の調査結果を示したものです。**図3-1**は、大学設置形態別に、心理学を専門とする各職位の大学教員数を示した積み上げ棒グラフです。比較・参考のために、**図3-2**には文部科学省の調査に基づいた、日本の大学における教員数を同じようにグラフで示しています。図3-2と比較しながら、今回の調査結果からわかることを見ていきましょう。

まず、図3-1から、大学設置形態のうち心理学の教員数が一番多いのは私立大学で、次に国立大学、そして公立大学の順番であることがわかります。全国的に見ると、心理学の教育において最も中心となっているのは、私立大学であるということができるでしょう。図3-2からわかるように、分野を限らない場合でも、私立大学の教員数はほかのどの設置形態よりも多いです。しかし、分野を限らなければ、私立大学の教員数は国立大学の約一・六倍、公立大学の約八倍であるのに対し、こと心理学に限ると、私立大学の教員数は国立大学の約三倍、公立大学の約十三倍にまで達します。このことから、日本ではほかの分野以上に、私立大学が心理学教育の多くの部分を担っているということができるでしょう。

複雑で高価な実験器具・装置などの設備を必要とする理学系や工学系などの分野では、その設備を導入するためのコストの観点から、私立大学よりも国立・公立の大学が中心になる傾向があります。しかし心理学は、

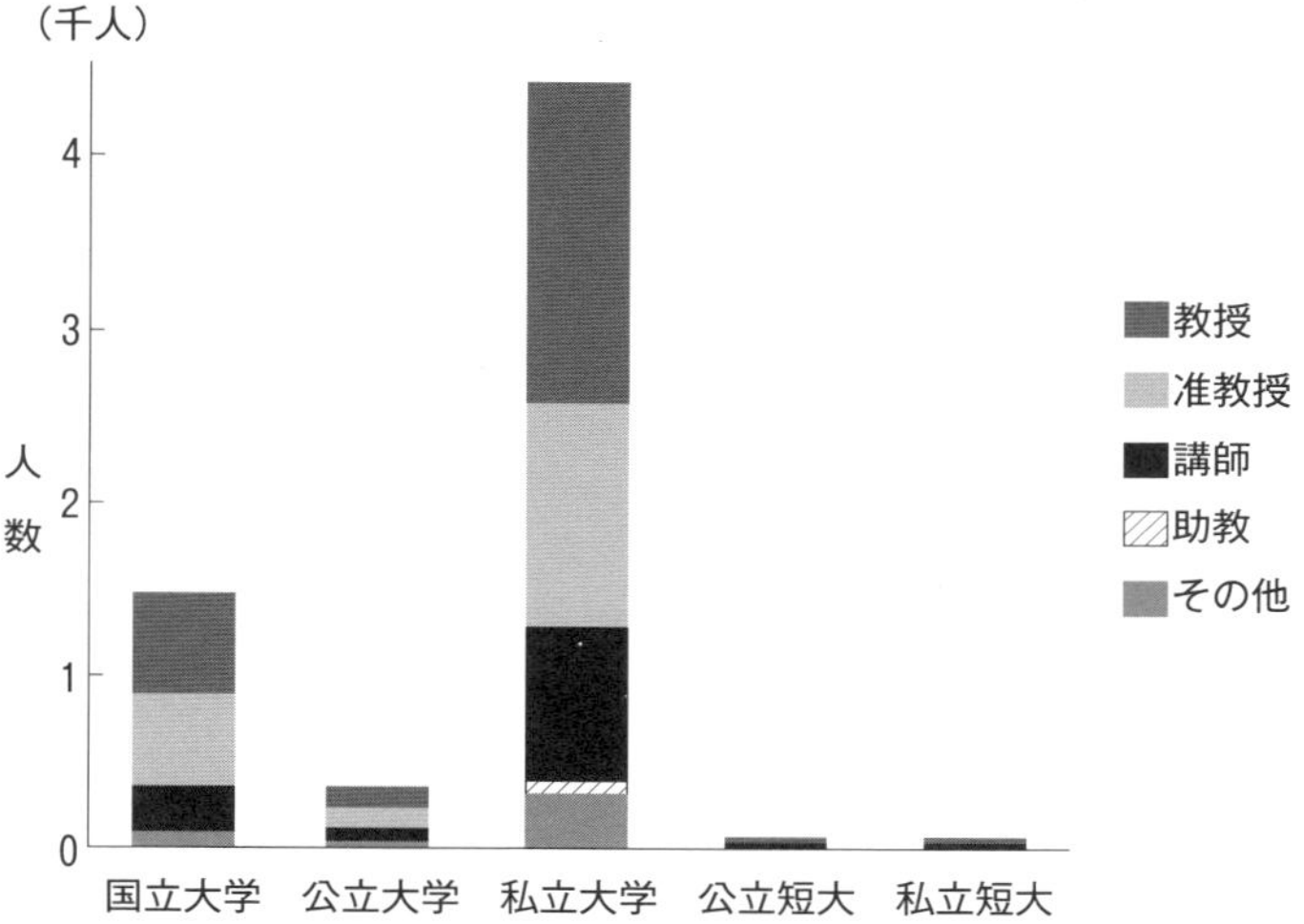

図 3-1　設置形態別に見た日本の大学における心理学が専門の教員数

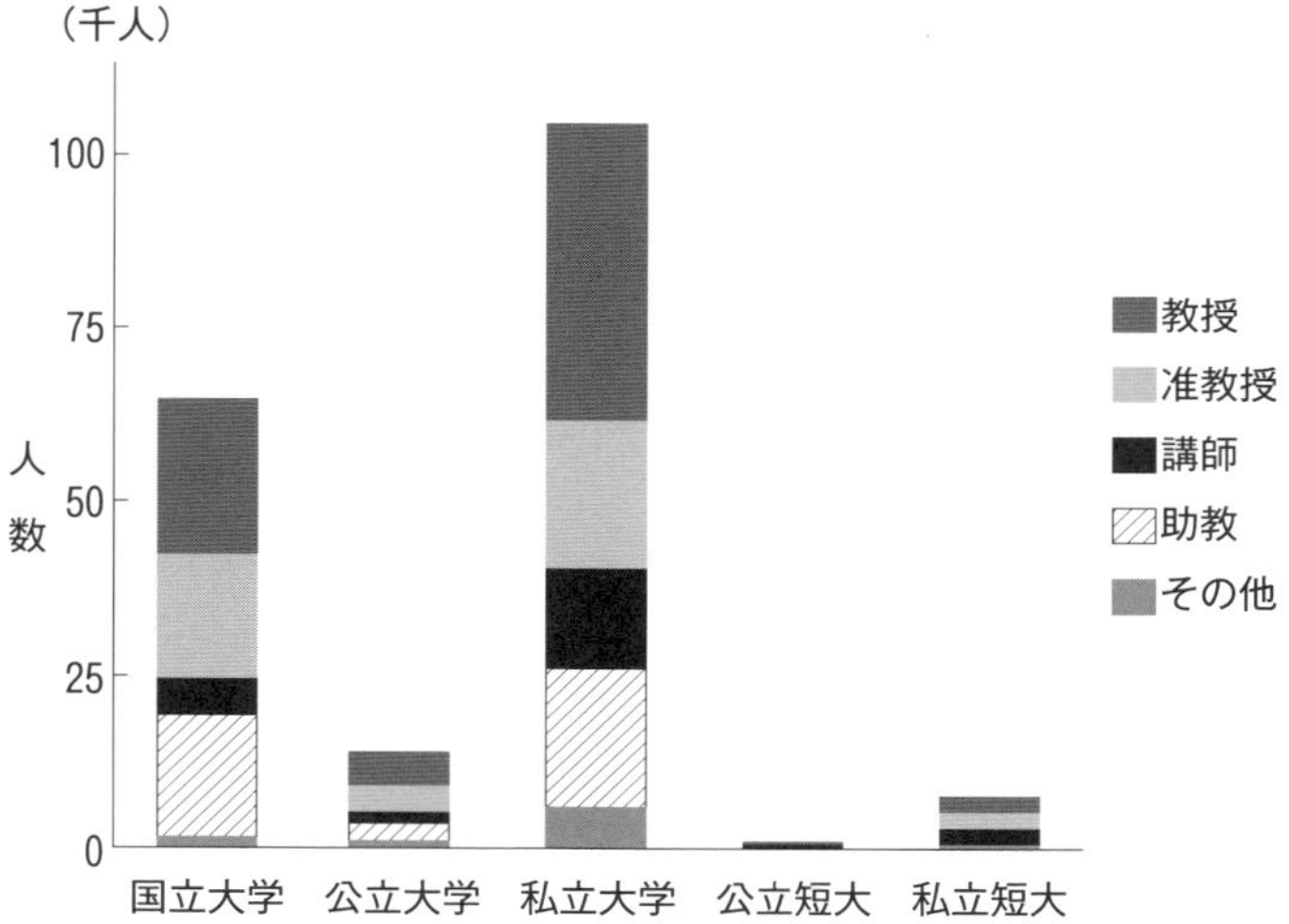

図 3-2　設置形態別に見た日本の大学における教員数[2]

もちろん分野にもよりますが、必ずしもその研究教育に大規模な実験・測定装置を必要としないことも多いです。図3-1に示した私立大学が教育の中心を担っているという結果は、こうした事情を反映しているかもしれません。

また、大学教員の職位別に**図3-1**（心理学の教員）と**図3-2**（全分野の教員）を見比べると、特徴的なことは、どの大学設置形態においても心理学の教員では助教の割合がかなり少ないことです。この原因にはいくつかの可能性がありますが、心理学の大学組織では、教授の下に（何人かの）准教授がいて、その下に（さらに何人かの）助教がいるという、いわゆる大講座制システムをとっているところは必ずしも多くありません。むしろ、職位は違っても、専任教員がそれぞれ独立して研究に取り組んでいる小規模な研究室が多くあるような組織であることが比較的多いです。このために、工学系や医学系などの大講座をとることが多い分野に比べると、助教の数が少ないことが考えられます。逆にいえば、そのぶん比較的若いうちから、早めに講師や准教授として独立した研究を行っていくチャンスがある分野だ、ということができるのかもしれません。また、国の財政の影響も受けて、国立大学で部局の再編や定員削減が行われる例が近年相次いでおり、その影響がとくに助教ポストの削減というかたちで見られてしまっているという事情もあります。

2　心理学のカリキュラム

それでは、各大学における心理学関係の授業としては、どういった内容のものが展開されているのでしょうか。このことを調べるために、調査では各大学の心理学部・心理学科などの部局における、心理学教育のカリキュラムについて尋ねました。

日本の大学で心理学を学ぶとき、最も典型的なのは、大学の「学部」における標準四年間の学士課程を修めることです。さらに心理学の専門性を高めた勉強や研究を追求したい人向けには、「大学院」が設けられています。大学院の課程には、修士課程と博士課程があります。学部を卒業した次に進むのは、標準在学年数が二年間の「大学院修士課程」です。さらにその先には、標準在学年数三年間の「大学院博士課程」があります。

もちろん、大学院を置いていない大学や、大学院があっても修士課程しか置いていない大学もあります。また、修士課程と博士課程を区別せずに五年一貫制の大学院を置いている大学もあり、この場合には最初の二年間が博士前期課程、後半三年間が博士後期課程と呼ばれることがあります（本稿では修士課程、博士課程という呼称で統一します）。大学院は学部教育よりも、より専門性の高い学識や技能を身につけることを目的としています。そのため、大学院における修士課程や博士課程のカリキュラムも、学部とは異なる性質のものが用意されています。

大学のカリキュラムに含まれる科目には、学科や専攻、コースなどに所属する全員が必ず履修して単位を取らなればいけない「必修科目」と、いろいろな科目のなかから学生自身の興味関心に合わせて選んで履修できる「選択科目」といった区別もあります。大学のカリキュラムにおける大きな特徴は、質・量ともに選択科目が高校までよりもぐんと多くなり、一人ひとりの学生が、自分の興味関心に合わせた学習を行うことができるようになっていることです。その一方で、各大学の心理学科・心理学科などの部局が、これは全員が身につけておいてほしい、と考えるカリキュラム上の基幹となるような科目は、必修科目として指定されています。

今回の調査では、各大学の心理学科・心理学科などの部局に対して、あらかじめ用意した授業科目リストのなかから、どういった科目が必修科目や選択科目になっているのかを尋ねました。用意した科目のリストは、**表3-1**に示す三二個です。各部局においてどのような科目が必修科目や選択科目として多数教えられているのか、その調査結果を見ていくことにしましょう。

表 3-1　授業の科目調査における選択肢の一覧

一般教育（外国語，人文・社会・自然科学等）	心理学的アセスメント
心理学概論	精神病理学/異常心理学
心理学史	臨床心理学/心理療法/カウンセリング
感覚・知覚心理学	産業・組織心理学
認知心理学	教育心理学/学校心理学
学習心理学	犯罪心理学/司法心理学
発達心理学	健康心理学
生理心理学/神経心理学	文化心理学
比較心理学/動物心理学	スポーツ心理学
社会心理学	老年心理学
個人差心理学（Differential Psychology）	心理学専門家倫理（研究/現場専門家）
パーソナリティ/性格心理学	研究プロジェクト（グループまたは個人で心理学研究を進める）
心理統計学，データ解析	卒業論文・修士論文・博士論文
心理学研究法（主に量的手法）	インターンシップ（現場実習）
心理学実験実習	日本独自の心理学（仏教，禅心理学など）
計算機実習	その他

A　学部の必修科目

学部の必修科目となっていた科目の上位十番目までを、図3-3に示しました。この図からわかるように、最も多くの部局において必修科目になっているのは「卒業論文」です。[*1] 卒業論文は、大学の学部における最終学年の学生が卒業研究を行い、その成果をまとめて提出する論文です。卒業論文執筆のためには、学生が指導教員につき、その教員と相談を重ねながら、一年間などの時間をかけて進めていくことが普通です。卒業研究は伝統的には一人で行うものですが、近年は定員の多い私立大学を中心に、グループで卒業研究を行うところもあります。

二〇一四年に読売新聞が実施した調査によれば、八七％の大学において、卒業論文・研究・制作が卒業のための必須要件となっています。[3] 一方で、別の調査結果から学部別に詳しく見ると、工学系や理学系で卒業論文を必須要件とする学部が多いのに対し、社会科学系ではその割合が少なくなっていることも報告されています。[4] 卒業研究・卒業論文が重視されているという点では、心理学はほかの社会科学分野よりも、理学系や工学系の分野と近いカリキュラム上の特徴を持っているといえるかもしれません。

卒業論文に次いで、二番目に多く必修となっていたのは「心理学概論」です。これは心理学の歴史や各分野の知見を概観する講義です。典型的には、心理学部や学科に入って最初の学年で必修となることが多いでしょう。たとえば、筆者の所属する心理学科における心理学概論では、一年生が前期で心理学の歴史と基礎心理学の内容を、後期で応用・臨床心理学の内容を扱い、一年間をかけて心理学の諸分野をひととおりカバーしてい

＊1　調査では「卒業論文・修士論文・博士論文」をまとめた一つの項目でしたが、学部での学士課程において該当するのは卒業論文ですのでこう記載します。以下でも同様に、意味的に該当する内容で記載します。

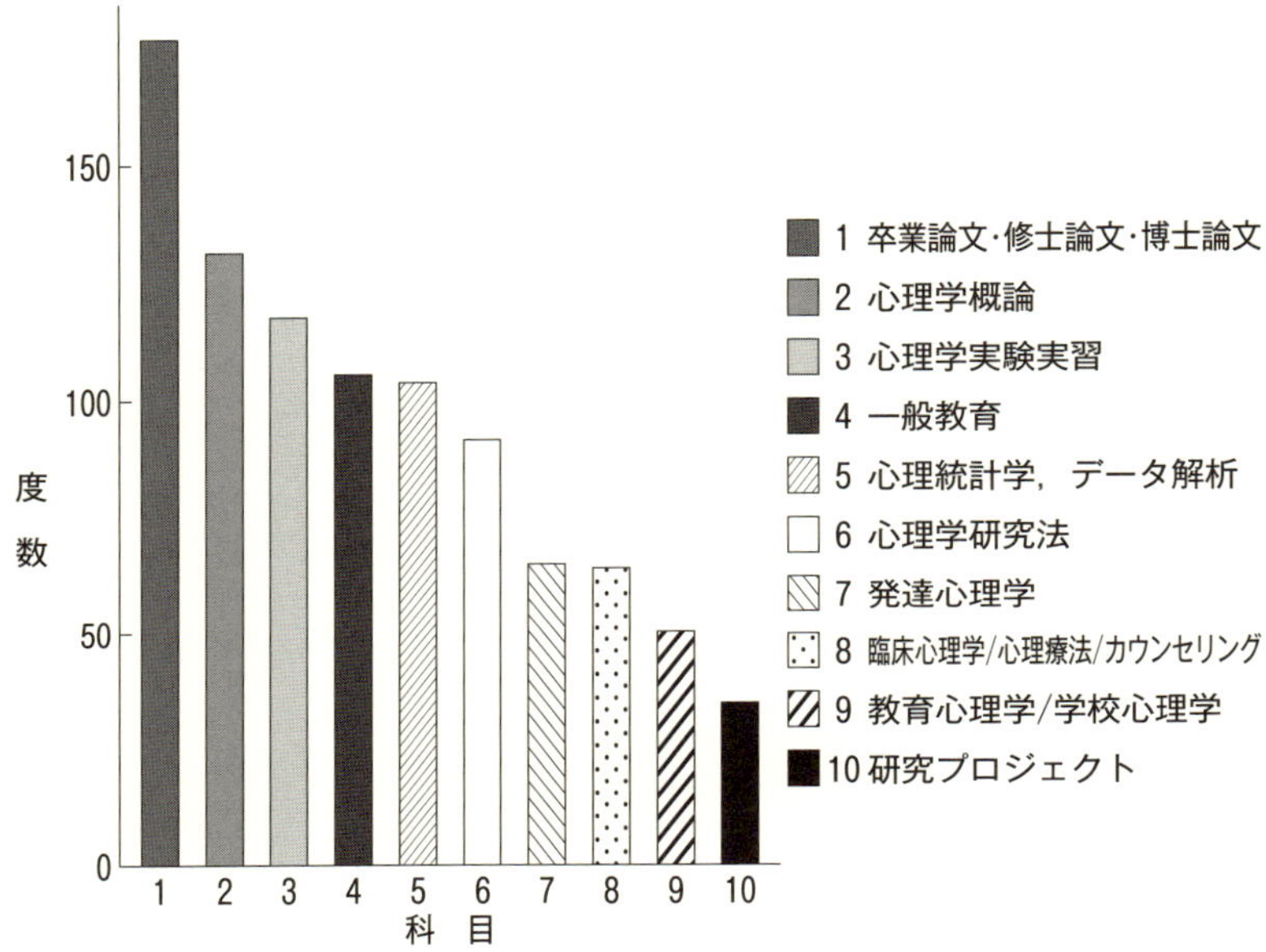

図 3-3　学部における必修科目の上位10番目まで（343大学）

ます。心理学概論の講義によって、心を理解するための枠組み、また心理学に含まれる各領域、そして心理学の基本的な知識を学ぶことができるでしょう。

三番目に多かったのは「心理学実験実習」です。この科目は多くの場合、学生自身がデータを収集・分析する側だけでなく、実験や調査に参加する参加者の側にもなって、心理学研究における代表的な実験法・検査法などを実際に経験し、心理学研究の方法を実践的に修得していくものです。たいていは、収集したデータに統計分析を施して、レポートなどにまとめて提出することが求められます。ですので、こうした実習の過程を通して、データの分析方法やレポートのまとめ方なども身につけることができます。実験実習はしばしばグループ形式で行われます。

筆者の大学では、一年次と二年次に、こうした実験実習の必修科目が配置されています。とくに二年次の実験実習の科目では、少人数のグループを作って、いくつも用意されている心理学実験・調査・検査などのテーマを、毎週一つずつローテーションしながら実習を進めていきます。この際、科目の担当教員だけでなく、たくさんのティーチング・アシスタント（ＴＡ）と呼ばれる大学院生たちも付き、各テーマの実習の具体的な進行を手助けします。また、実験実習の最後の一カ月ほどを使って、学生自身が独自の計画を立案して実験を遂行し、結果をまとめてプレゼンテーションするプロジェクト型の研究実習を行っています。これを科目として独立させたものが、必修科目の十番目に入っている「研究プロジェクト」ということができるでしょう。

このように、実験実習や研究プロジェクト型の科目が、多くの大学で必修の基幹科目に位置づけられていることは、卒業研究と並んで心理学という学問の特徴の一つといえそうです。こうした実験実習は、学生にとって負荷も小さくないものの、得られるものも大きな科目となっています。

四番目に多かった必修科目は「一般教育」です。一般教育は、（心理学の）専門教育と対になる概念です。すなわち、心理学に関する専門的な科目というよりも、自然科学、社会科学、人文科学の諸分野にまたがって教養や幅広い識見を身につけるための科目が、一般教育科目です。一般教育の科目は、大学が提供するさまざまな先生たちによる多くの科目から、学生自身が興味関心に合わせて選択できることが多いです。ですので、必修科目ではあっても、実際に選択する内容は学生によって大きく異なることも珍しくありません。

五番目は「心理統計学、データ解析」です。心理学を含む科学の研究は、主に仮説を検証することで進んでいきます。すなわち研究者は、まだ検証されていない新しい仮説について、それが妥当なのかどうかを、実験や調査によって得られたデータと照らし合わせて判断していきます。このようなときに利用できる理論や方法を学ぶのが、心理統計学やデータ分析の科目です。心理学では実験や調査、アセスメントからさまざまなデータを取得しますが、その分析のためには心理統計学の知見が欠かせません。筆者の所属する心理学科でも、心理統計学・データ解析の基礎は一年生の必修科目となっています。

このほか、六番目の必修科目としては「心理学研究法」が入っています。これは「心理統計学、データ解析」と密接な関係がある科目です。ややおおざっぱな言い方になりますが、データを収集するための研究計画の立案法、実験や調査を実施するための理論や方法を扱うのが心理学研究法で、データを収集した後でそれを分析するための方法を扱うのが、心理統計学・データ解析だと考えることができます。

七、八、九番目に入っている「発達心理学」「臨床心理学」[*2]「教育心理学」[*3]は、いずれも心理学という学問分野のなかでも、実際の人に近い領域を対象に扱います。発達心理学は、人がその生涯を通してどのような心理や行動の変化を示すのかを扱う分野です。教育心理学は、より短い時間的スパンにおいて、人が新しい知識や行動を獲得する過程を扱います。また、臨床心理学は、とくに心に関する問題を抱えた人に対し、その悩みや問題を理解し、解決するための援助を扱います。

B　学部の選択科目

学部の選択科目となっていた科目の、上位十番目までを**図3-4**に示しました。必修科目についての結果と異なり、選択科目として多く提供されている科目には、心理学の各専門分野を扱う科目が並んでいます。選択科目のなかで最も多かったのは「臨床心理学」であり、学生の臨床分野への関心の大きさを反映するものと考えられます。二番目に多かった「社会心理学」は、必修科目の上位十番目までには入っていませんでしたが、社会的・対人的な場面における心理や行動を扱う分野です。名前の似た学問分野には社会学がありますが、社会学が構成員数的にも時間的にも大きな集団を対象とするのに対し、社会心理学は個々人の心や行動に注目す

＊2　実際の調査項目では心理療法やカウンセリングとともに並記されていましたが、本文中では臨床心理学で代表して扱います。
＊3　これも同様に、実際の調査項目では、学校心理学とともに並記されていました。

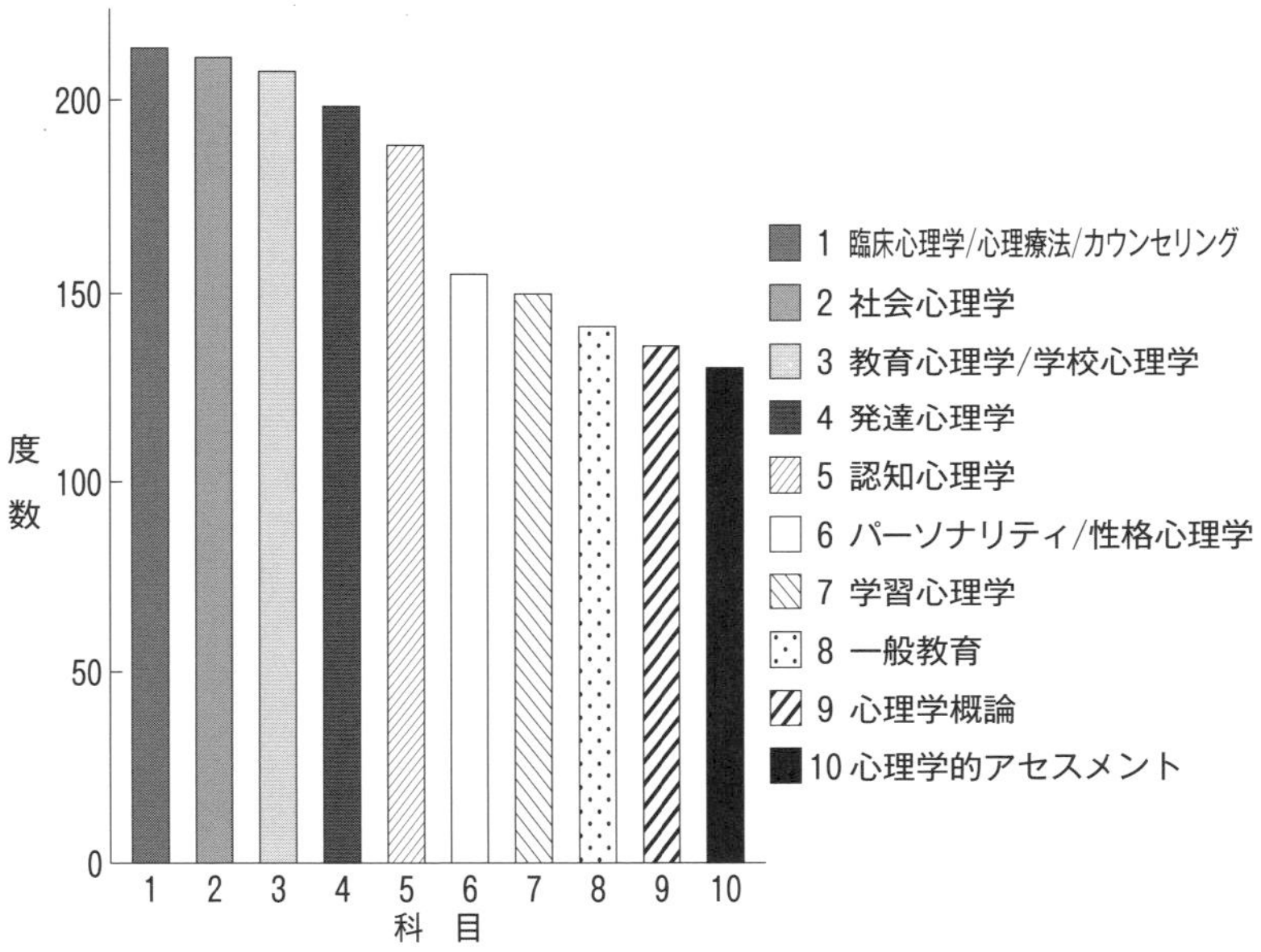

図 3-4　学部における選択科目の上位10番目まで（343大学）

るところに、両者の違いがあります。三番目に多かった「教育心理学」、四番目に多かった「発達心理学」は、ともに必修科目としても上位十番目までに入っていました。臨床心理学同様、必修科目としても選択科目としても大きなニーズのある科目であることが示唆されます。

　一方、五番目に多かった「認知心理学」、六番目に多かった「パーソナリティ心理学」[*4]は、ともに必修科目の上位十番目までには入っていなかった科目です。認知心理学は知覚や記憶、意思決定、意識といった心の働きを対象にする心理学の分野です。実験的研究や数理的な理論化が進んでいる分野であり、コンピュータや情報科学の発展とも密接な関係にあります。また、パーソナリティ心理学は、性格や知能を対象とする分野であり、「その人らしさ」は何に起因するのかといった、心の個人差を実証的に扱うところに特徴があります。

＊4　実際の項目は「パーソナリティ／性格心理学」でした。

C　大学院修士課程の必修科目

大学院修士課程の必修科目として上位十番目までに入ったものを、**図3-5**に示しました。学部のときと同様に、大学院修士課程においても最も多かったのは、学位論文である「修士論文」でした。学部の結果（図3-3）と比較すると、大学院修士課程の場合のほうが、ほかの科目よりも修士論文がとりわけ多くの部局で必修科目に指定されていることがわかります。これは、大学院は学部に比べてより学生自身の研究関心に重きを置いたカリキュラムとなっているために、修士論文以外のほかの必修科目は、相対的に少ないのだと考えられます。

二番目に多く必修科目に指定されていたのは、「臨床心理学」でした。学部において八番目だったのと比較して、臨床心理学が必修である割合は大学院修士課程で順位を大きく上げています。これは、臨床心理士という資格と密接な関係があると考えられます。「臨床心理士」は、こころの問題を臨床心理学に基づく知識や技術を用いて扱う専門家を認定する資格です。公益財団法人日本臨床心理士資格認定協会が認定する民間資格なのですが、本書の執筆時点では、カウンセラーや相談員といったこころの専門家として働くうえでの、事実上の業界標準となっています。そして、臨床心理士の資格試験を受験するためには、基本的に臨床心理士養成に関する指定大学院もしくは専門職大学院の修士課程を、所定の単位を取得したうえで修了する必要があります。[*5] 心理学系の大学院修士課程に進学する人のなかでは、臨床心理士の資格取得を目指す臨床系の指向を持った学生の割合が、学部までよりも多くなります。大学院修士課程において、必修科目の二番目に臨床心理学系の科目

＊5　詳しくは、日本臨床心理士資格認定協会(5)を参照してください。

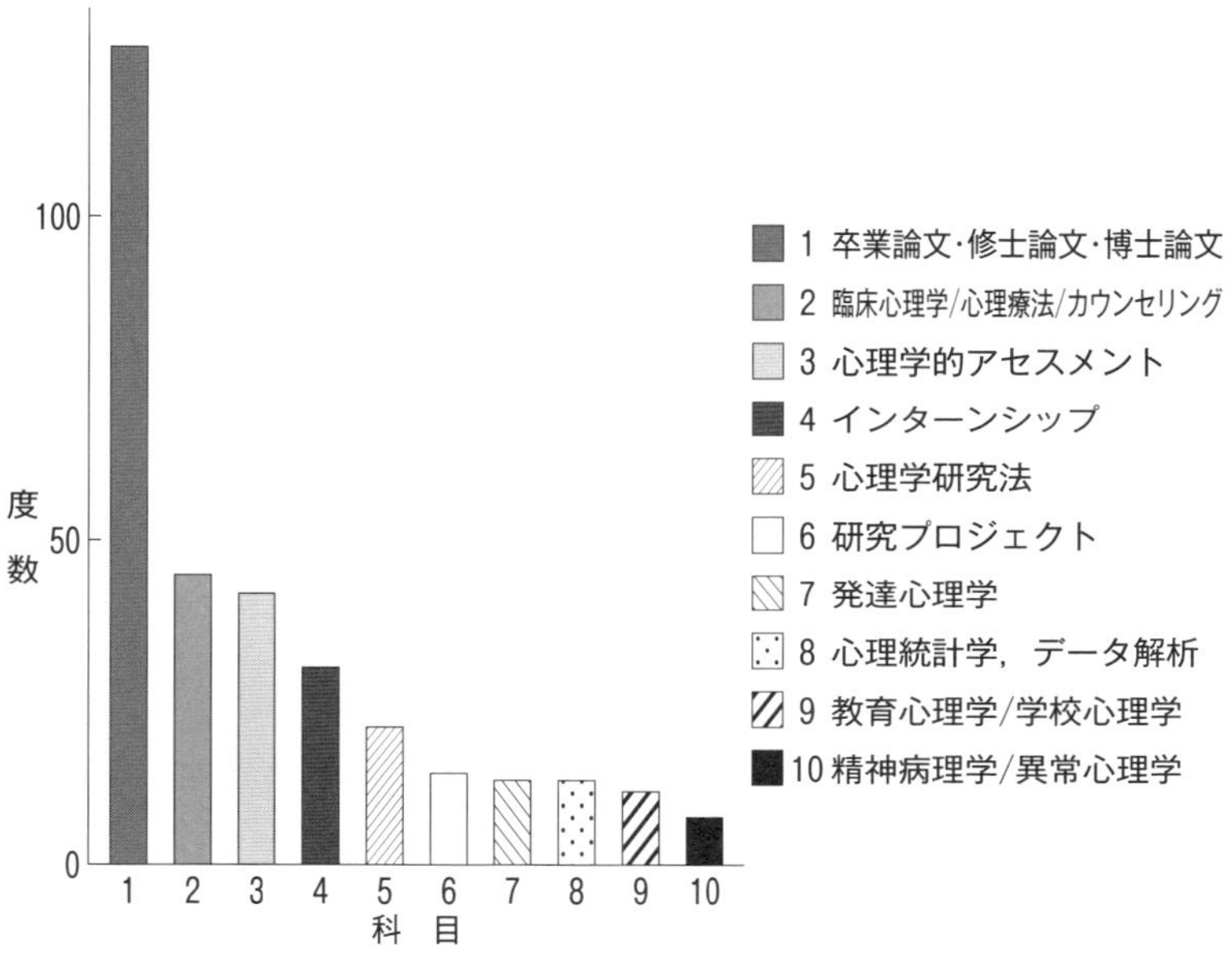

図 3-5　大学院修士課程における必修科目の上位10番目まで（105大学）

が入ったのは、この臨床心理士資格との関係が大きいと考えられます。

三番目に多かった「心理学的アセスメント」、四番目に多かった「インターンシップ」もやはり、臨床心理士資格を取得するための課程との関係が大きいと考えられる科目です。心理学的アセスメントの科目では、心理検査や面接法、行動観察法などの技法を用いて、個人の心理状態を把握するための方法を学びます。また、インターンシップの科目では、実際に学生が大学附属の心理相談室や、学外の病院、クリニック、司法相談施設、保健センターといった「現場」において、専門家の監督を受けながら実習を行います。

そして、五番目、六番目に「心理学研究法」「研究プロジェクト」が、そして八番目に「心理統計学」が入っていることは、やはり心理学研究のための方法論や実践が、大学院でも重視されていることの現れと考えられます。

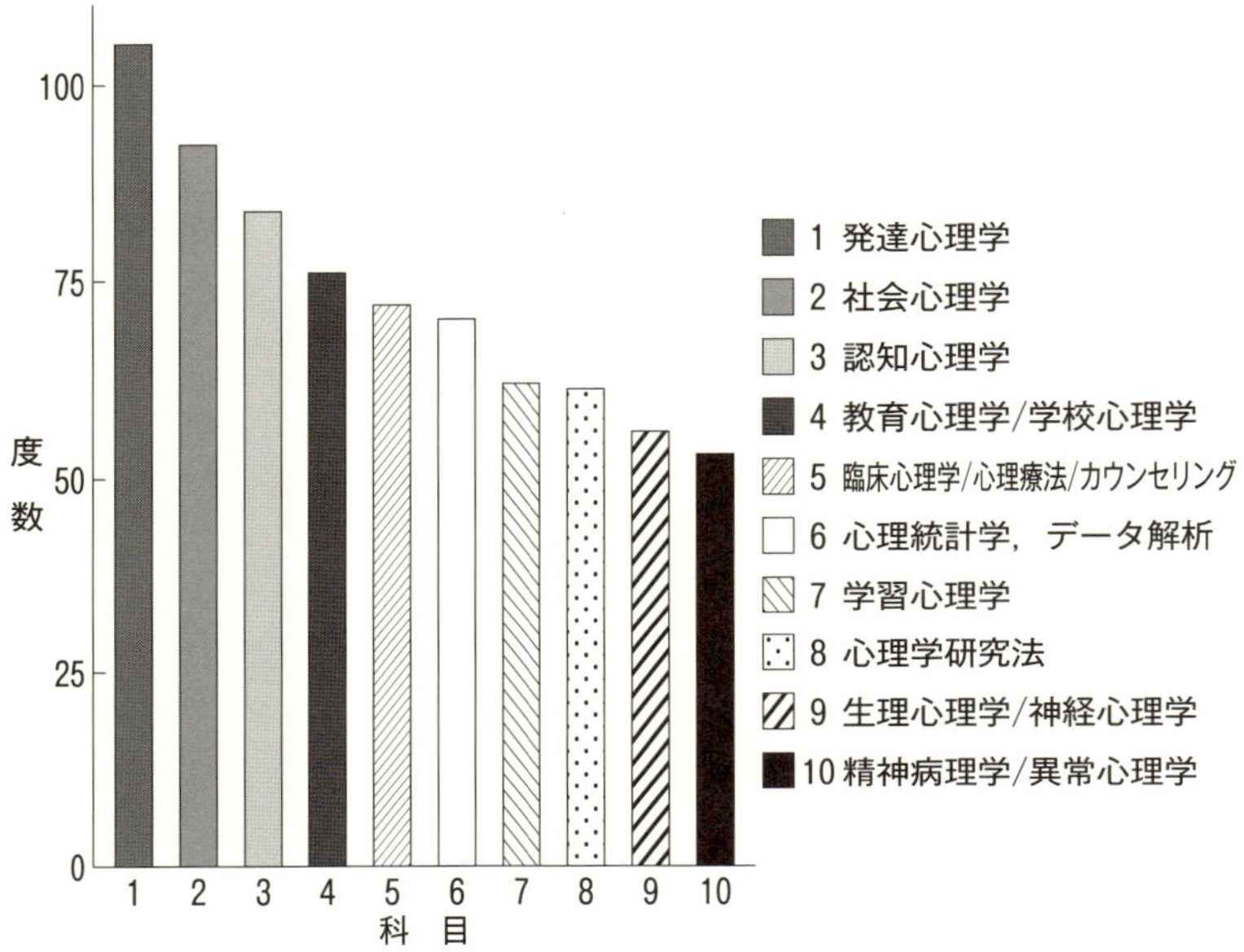

図 3-6　大学院修士課程における選択科目の上位10番目まで（105大学）

D　大学院修士課程の選択科目

大学院修士課程の選択科目として上位十番目までに入ったものを，**図3-6**に示しました。トップ五は，「発達心理学」「社会心理学」「認知心理学」「教育心理学」「臨床心理学」の順となりました。この上位五番目までに入った科目は，図3-4に示した学部での選択科目の上位五番目までの科目と，順序こそ異なるものの，まったく同じ組み合わせでした。このことは，上記に挙げたような発展的な心理学分野に対する，大学院学生の関心や社会のニーズを反映していると考えられます。

一方で，学部の選択科目では筆頭であった臨床心理学は，大学院修士課程の選択科目では五番目まで順位を下げました。しかしここで，学部の必修科目では八番目であった臨床心理学は，大学院修士課程では修士論文に次いで二番目と，多くの大学院で必修化されていたことを

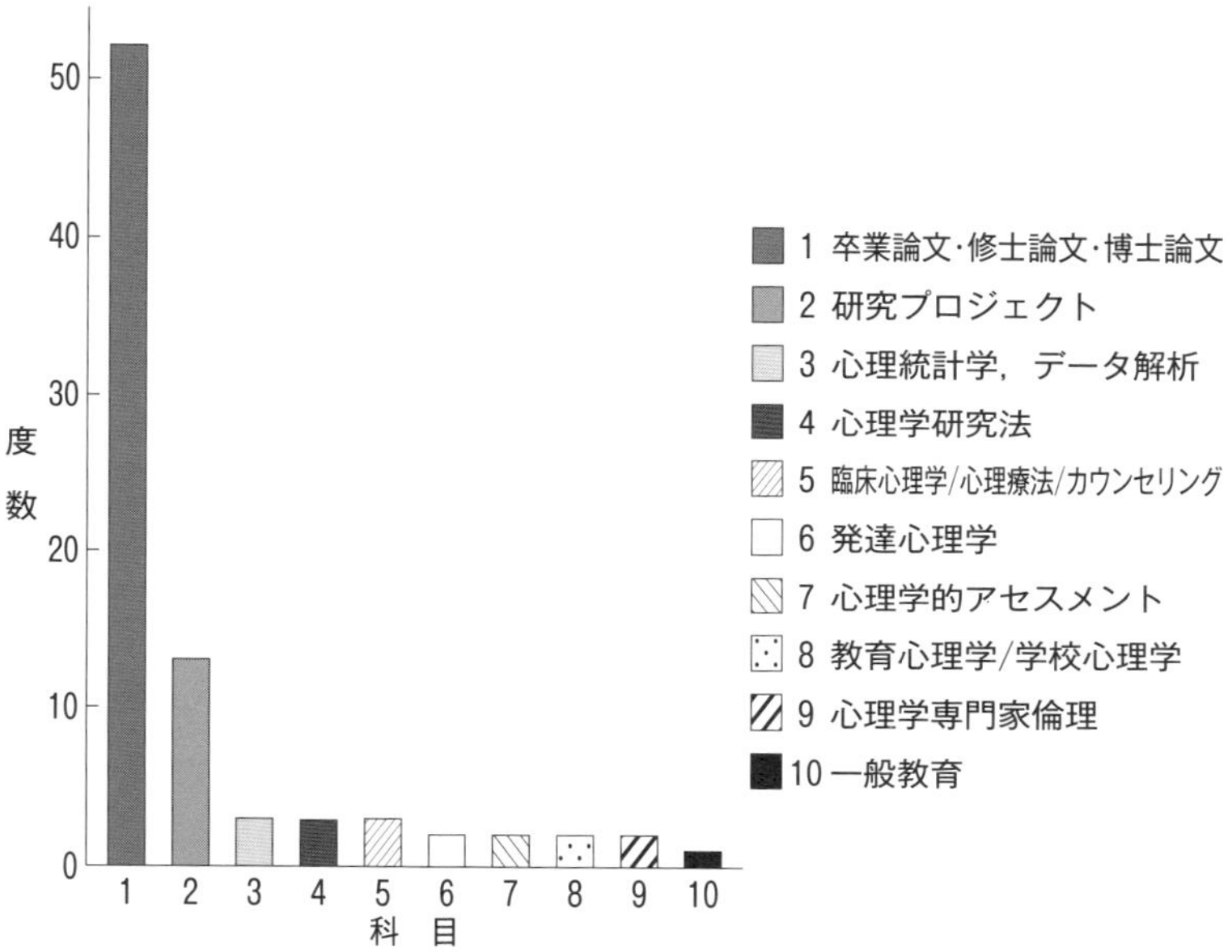

図3-7　大学院博士課程における必修科目の上位10番目まで（75大学）

思いだしてください。つまり，大学院修士課程の教育における臨床心理学の重要性は下がっているのでなく，むしろ学部よりもさらに上がっているのだと解釈することができます。

E　大学院博士課程の必修科目

大学院博士課程の必修科目として上位十番目までに入ったものを，**図3-7**に示しました。心理学系の大学院では，臨床心理士資格を取得して臨床的な場面で活躍することを目指す学生は，修士課程には進みますが，資格取得に必要でない博士課程には進学しない場合が多いです。博士課程まで進学するのは，大学や専門機関，企業等において，研究やより専門を活かして働くことを目指す学生が多くなっています。そのため，博士課程の大学院生数は修士課程よりも少なくなり，大学院は有していても博士課程を持っていない部局も多くなります。このことを反映して，図3-7の縦軸（度数）は，これまでよりもかなり小さな数になっていることがわかります。

そのことを踏まえたうえで図を見ると、必修科目として最も多く挙げられていたのは、学部や大学院修士課程と同様に、学位論文である「博士論文」でした。博士課程を修了して博士号を取得するためには、基本的に博士論文を執筆することが必須です。ですので、調査対象となった部局のほぼすべてで博士論文は必修となっています。博士号は学位のなかでも最高位に位置づけられるものです。博士論文は国立国会図書館に収められ、公刊されることが義務づけられています。また、大学や部局にもよりますが、博士論文を執筆する前提として、その内容を専門の学会で発表したり、査読つきの投稿論文として学術誌に掲載したり、といった要件を満たしていることが多くの場合求められます。このように、博士論文は、卒業論文や修士論文と比べても、学術的にさらにもう一段高い水準が求められています。

博士論文に比べるとかなり数は少なくなりますが、大学院博士課程で二番目に多かった必修科目は、「研究プロジェクト」です。研究プロジェクトは、学部の必修科目では十番目、大学院修士課程の必修科目では四番目でしたが、大学院博士課程ではついに二番目まで順位を上げました。このことは、課程が進むについて研究プロジェクト型の科目の重要性が増していることの現れと考えられます。学部教育では心理学について、これまでに人類が持っている既存の知見や方法論をしっかりと学び、身につけることに力点が置かれているのに対して、大学院の課程を修士、博士と進んでいくと、自身の研究上のオリジナリティが求められるようになり、これまでには知られていなかった新たな知見を提供するという、研究の能力やスキルを身につけていることが求められるようになるのです。

三番目以降の必修科目は、図3-7に示されているとおりですが、いずれも必修としている部局の数は数えるほどに留まっており、結果を積極的に解釈するのは難しいです。したがって、博士課程における必修科目としては「博士論文」、次いで「研究プロジェクト」の二つが、現在のところ主流であると理解することができる

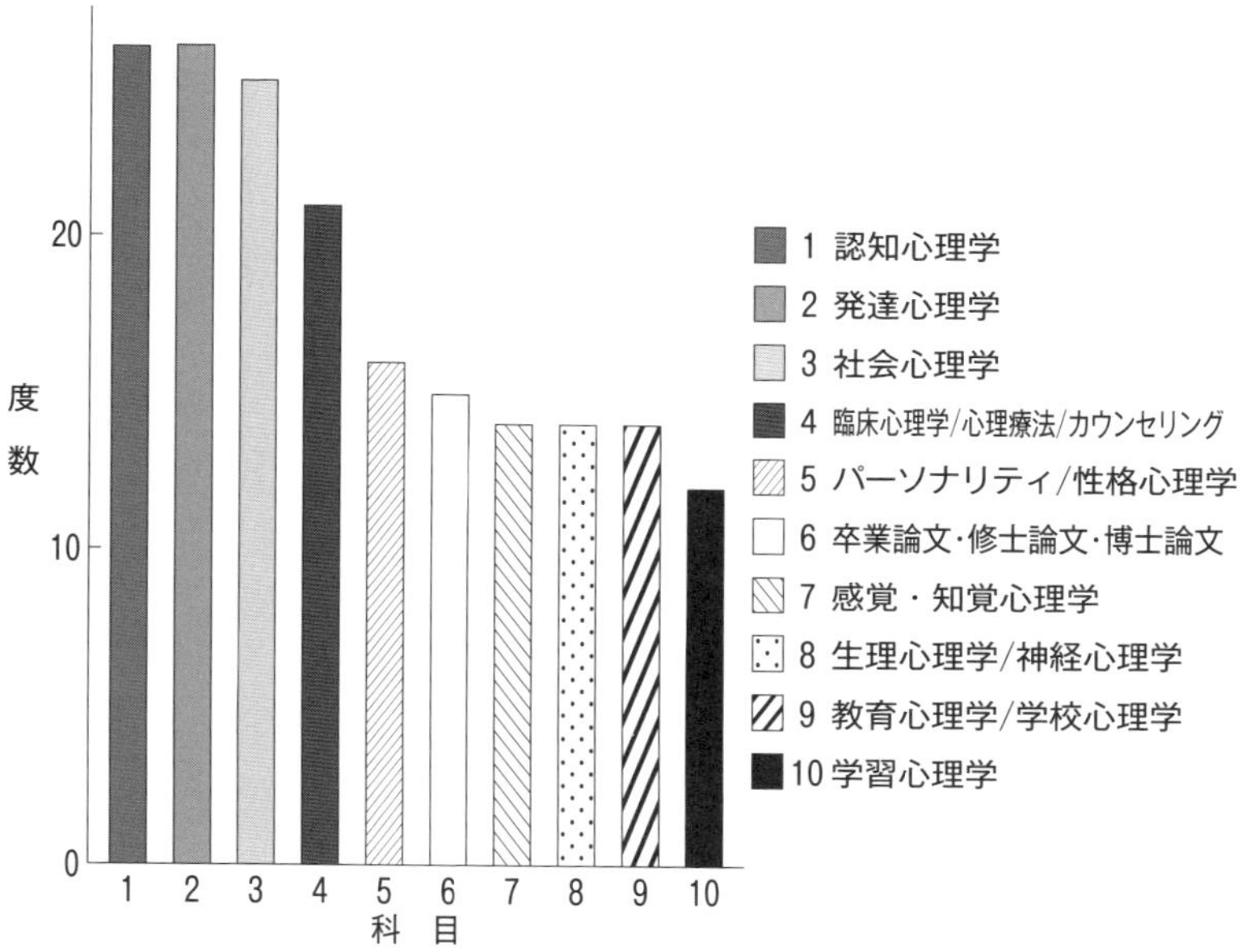

図3-8　大学院博士課程における選択科目の上位10番目まで（75大学）

でしょう。

F　大学院博士課程の選択科目

大学院博士課程の選択科目として上位十番目までに入ったものを、**図3-8**に示しました。学部や大学院修士課程とは異なり、博士課程では筆頭に実験心理学的な科目である「認知心理学」が入りました。このことは、博士課程まで進む学生は、心理学の基礎的な分野への指向がより高い学生が多くなることを反映していそうです。もちろん一方で、二〜四番目に入った「発達心理学」「社会心理学」「臨床心理学」は、学部や大学院修士課程の選択科目でもトップ五に入っていた、いわば上位入りの常連となっている各専門分野の科目たちでした。

3　心理学の授業形態

それでは、前節で見てきたような大学・大学院における授業科目は、どのような形態で実施されているのでしょうか。大学における授業形態にはいろいろなタイプがありえますが、今回の調査ではそれを以下の九つに分けて調べました。

まず、真っ先に思いつくのは「講義形式」の科目でしょう。講義形式とは、学生の前に立つ教員が、ノートや黒板、液晶プロジェクターで映したスライドなどを用いながら、講義内容を学生に語りかけていく授業です。単に一方的に話して終わりというだけではなく、学生に質問をしたり、演習問題を解いて解説する時間を作ったり、最近ではスマートフォンを用いて演習問題への受講生の回答をリアルタイムに集計できるような仕組みを取り入れたりと、いろいろな工夫をしている教員もいます。

次に、「ゼミナール（ゼミ）形式」の授業があります。ゼミ形式の授業は、少人数の学生と教員とが机を囲んで、心理学の専門的な内容について学ぶ授業です。講義形式の授業では、机はすべて教員のいる演台のほうを向いており、一人の教員と多数の学生が向き合う形になっています。これに対してゼミ形式の授業では、典型的には机を「ロ」の形に配置します。これによって、教員を含めた授業の参加者全員が、互いに顔を見合わせてコミュニケーションをとりながら、質疑や議論ができるようになります。典型的なゼミ形式の授業の流れとしては、学生が授業のテーマについての発表を行って、それについて参加者が質問や討議をしたり、必要に応じて教員が指摘や解説をしたり、というふうに進行します。

とくに、卒業論文執筆を卒業の必須条件としている学部・学科の多くでは、三年や四年から特定の先生の卒論ゼミ（研究会などとも呼ばれます）に参加し、そこで単位を取ることが卒業論文執筆の条件になります。学生は自分の興味のある分野の研究を行っている先生の卒論ゼミに参加希望を出しますが、卒論ゼミの人数の上限もあるため、人気の卒論ゼミに入るためには、成績が良いことや試験に合格することを求められることもあります。

また、卒論ゼミでは、自分の関心のある研究内容を教員や同じゼミ生、先輩などに説明し、指導を受けながら先行研究を調べてその内容を発表し、卒業論文のテーマを決定します。さらに、予備研究などを行って方向性を修正するなどして卒業論文研究を進め、最終的に卒業論文を完成させ、その内容を卒論ゼミや学科全体での発表会などで発表し、卒業論文の単位が認定されるかどうかが決まります。卒業論文を必須としているところでは、このような卒業論文作成が学部の三、四年生の学習において、非常に大きなウェイトを占めます。

ゼミがさらに少人数になったのが、「個別指導形式」の授業です。これは学生と教員が一対一で質疑や議論をするものです。個別指導形式が心理学教育で取り入れられる代表的な場面は二つあります。それは、卒業研究などの卒業論文の内容についての相談・指導と、臨床心理学的分野でスーパービジョン（ＳＶ）と呼ばれる、個別のクライエントの事例（ケース）についての、専門家からの指導です。どちらも心理学教育の重要な部分を担う授業形態です。

以上の講義、ゼミ、個別指導は、心理学に限らずいろいろな分野の大学教育で広く行われています。一方、「実験・調査実習」や「現場実習・インターンシップ」は、より心理学に特徴的な授業形態ということができるでしょう。実験・調査実習は、カリキュラムを扱った前節で「心理学実験実習」という科目名で述べたように、学生が少人数のグループを組んで心理学実験や検査、調査などを行い、結果をレポートの形でまとめて報告する演習です。また、現場実習・インターンシップは、心理相談室や親子教室などにおける心理的支援の専門家に同席するなどして、そして大学院ではさまざまな学外施設に入るなどして行う、実践的な授業形態です。

残りの三つの授業形態は、やや特殊性の高いものです。まず、「教員の研究プロジェクトに参加」するという形態があります。これは、実験実習よりも専門性が高い、未知の問題に取り組む実際の研究に参加して、研究の立案やデータ収集、分析などを経験する授業形式です。その専門性から、学部よりも大学院に適している形態と考えられます。また、「上級者による指導、参加者同士の授業」はゼミの発展版であり、参加者とともに考えたいことや目指したい目標を設定して行われる、ワークショップのような授業になります。学生が能動的に参加するアクティブ・ラーニング型の授業形式としても、近年一部で注目を集めています。最後に、「英語で実施する授業」も近年増えてきています。これは、これまで述べてきた七つの授業形態のいずれかを、日本語ではなく英語を用いて実施するということです。先端的な学問分野で用いられる世界の共通言語は英語であり、心理学研究においても、新しくて重要性の高い知見の多くは英語論文として発表されます。また、確実性は落ちるかもしれませんが、より新しい知見は国際学会において発表されます。こうしたことから、心理学研究には英語で論文を読み書きし、また国際学会等で英語を聞き、話す力が求められます。こうした力を育むために、英語で行われる授業形態は有効です。

以上で挙げた八つの授業形態のうち、どういった形態がどれだけ行われているかを、調査では尋ねました。結果を、学部、大学院修士、大学院博士の課程別に、図3-9～図3-11に示しました。なお、2節でカリキュラムについて述べた際には、選択肢となる科目が三二個と多かったため、結果をすべての科目について示すのではなく、各課程における上位十番目までの科目を示しました。一方、今回の授業形態についての結果では、選択肢が八個だけでしたので、課程ごとの変化を把握するために、順序の並べ替えはせずに、すべての授業形態についての結果を示すことにします。

学部における授業形態（**図3-9**）を見ると、突出して多いのは講義形式の授業であることがわかります。学部の授業形態としては、やはり講義形式がその主流になっているのです。とくに一、二年次で学ぶような心理

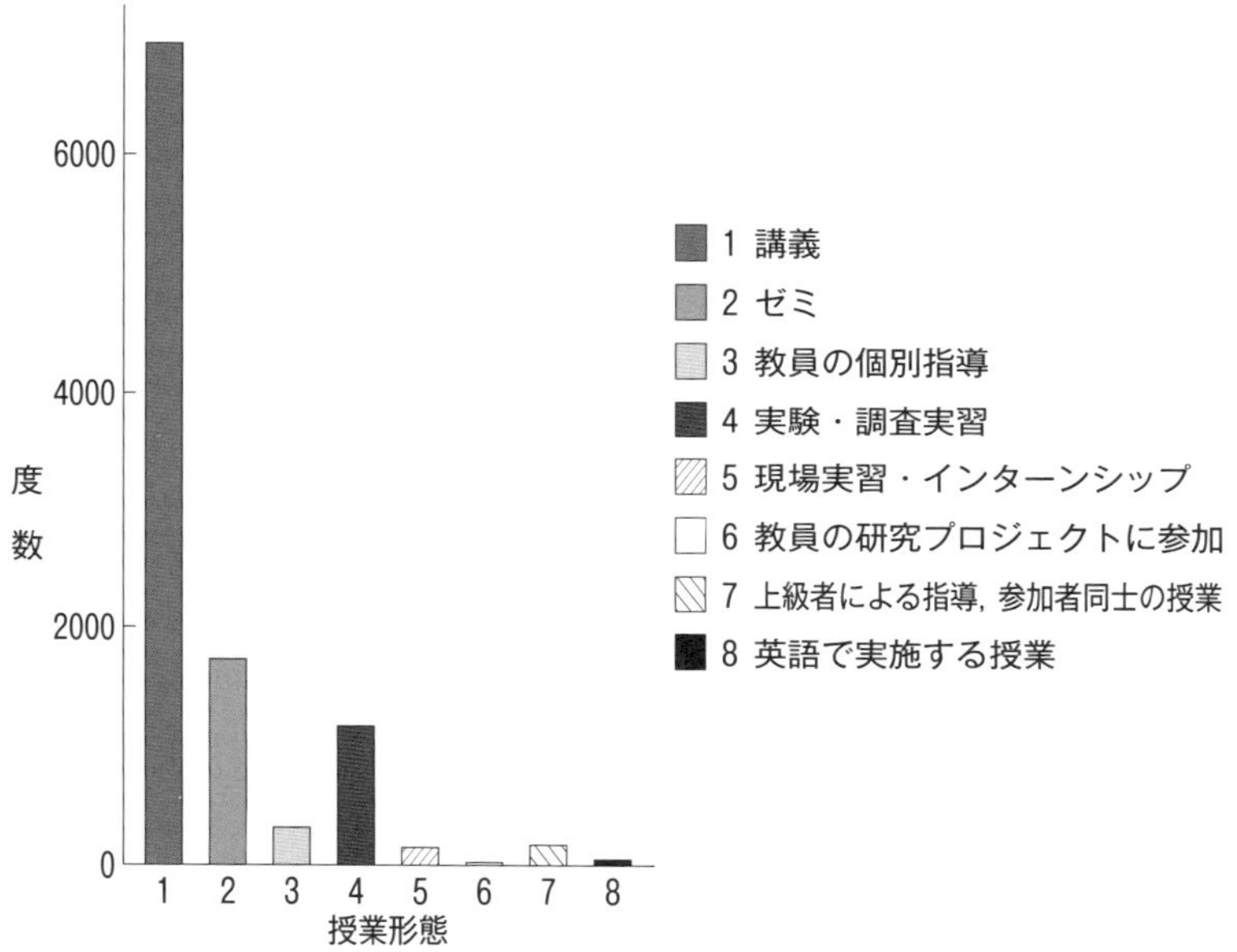

図 3-9　学部における授業形態（343大学）

学概論や一般教養科目、基本的な専門科目といった多くの受講生が集まる科目は、講義形式で行われることが多いと考えられます。一方、二番目、三番目に多かったのはそれぞれ、「ゼミ」と「実験・調査実習」でした。この二つはいずれも、受講する学生が講義よりも能動的に参加し、発言したり、手を動かして作業したりする必要がある授業形態です。とくに、実験・調査実習の多さは、心理学に特徴的なことの一つと考えることができます。

そのほかの形態は、いずれも相対的に数が少なくなりましたが、とくに一番少なかったのは「教員の研究プロジェクトに参加」です。心理学の専門的な知識や技能を十分身につけることが難しい学部生の段階では、実際の研究に参加するような授業形態は難しいのかもしれません。心理学の研究者の団体には、今回の調査母体となってもいる日本心理学会をはじめ、いろいろな学会があります。たとえば日本心理学会では、その正会員となるためには、基本的に四

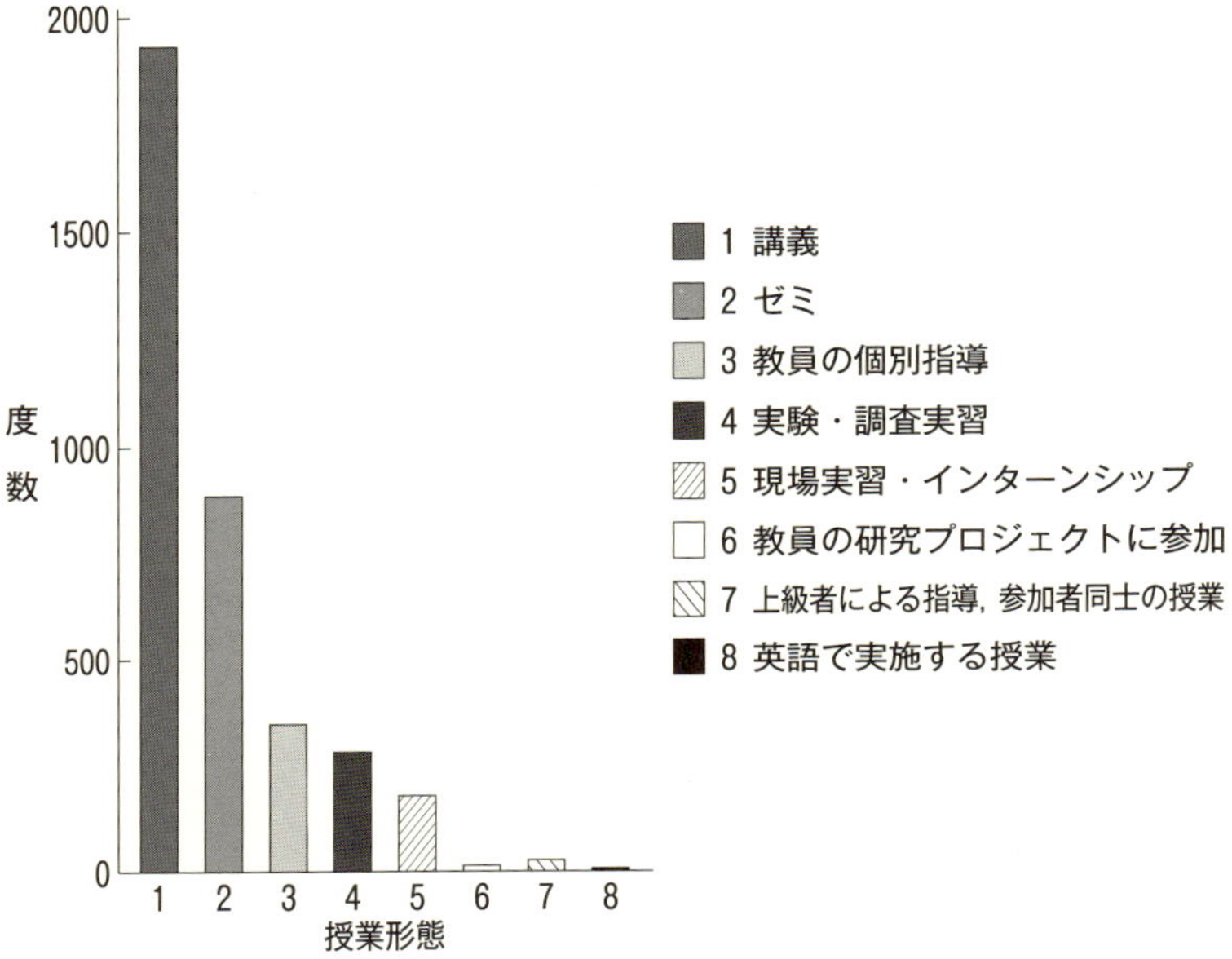

図 3-10　大学院修士課程における授業形態（105大学）

年生大学を卒業していることが規定で求められています。このことからも、学会で発表されるような研究は、学部の課程を修めたうえで、大学院において行われることが想定されていることがわかります。

大学院修士課程（**図3-10**）になると、やはり講義形式が一番多いことに変わりはないのですが、その割合は学部までの課程と比べて低下し、そのぶん、ほかの形態の授業が増加しています。具体的には、学部では全授業科目の約三分の二（六六・四％）が講義形式で行われていたのに対し、大学院修士課程ではその割合が約半分（五二・六％）まで下がっていました。その一方で、ゼミ形式の割合は学部の一六・五％から、二四・一％にまで増加しました。また、大学院修士課程で三位にきている教員の個別指導は、学部ではわずか三・〇％にしかすぎませんでしたが、大学院修士課程では一〇％近く（九・五％）へと、大きくその割合を伸ばしています。これは、大学院のほうがより少人数で

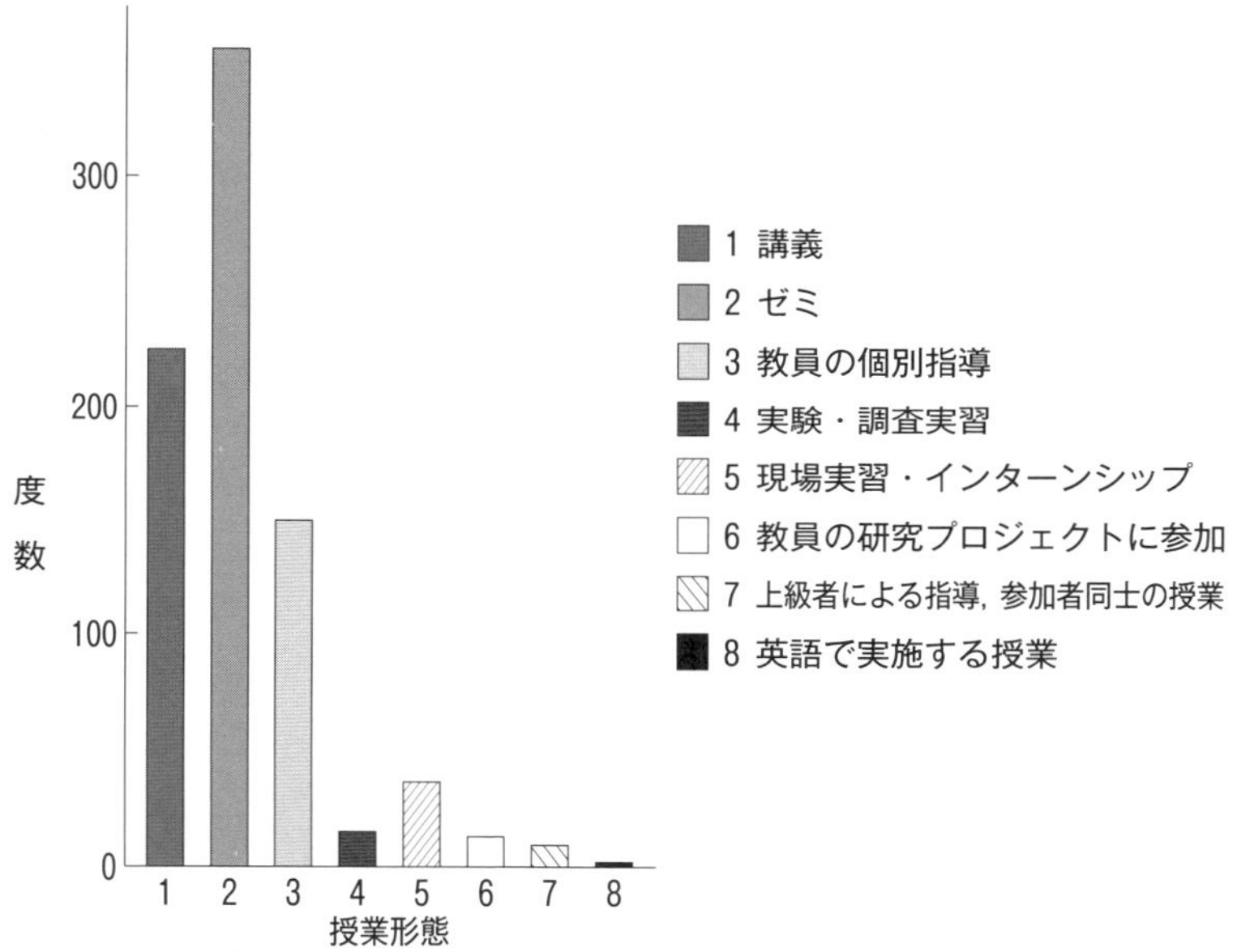

図 3-11　大学院博士課程における授業形態（75大学）

教育を行えること、また、とくに心理学の大学院では、臨床心理学におけるスーパービジョン（SV）のような個別性の高い授業が行われていることなどが背景にあると考えられます。

さらに大学院博士課程（**図3-11**）になると、ゼミ形式の授業の割合が四四・〇％で最も多くなり、講義形式（二七・九％）を逆転しました。また、教員の個別指導の割合も一八・六％と、学部のときの六倍にも増加しました。このように、課程が進むにつれて、講義形式の授業の割合が減少し、ゼミや個別指導、実習といった形式で行われる授業の割合が増加することが、調査から明らかになりました。

一方で、修士課程・博士課程に共通して、大学院の授業形態の選択肢中で最も選ばれなかったのは、「英語で実施する授業」でした。国のグローバル人材育成推進事業や留学生の増加などに伴い、英語で実施される科目も少しずつ見られるようになってきていますが、依然として日本の心理学教育では、その割合はきわめて小さいことがわかります。

4 まとめ

本章では、私たちの調査における三つの設問の答えから、日本の大学においてどのような心理学教育が行われているのかを見てきました。

本章の冒頭で述べたことの繰り返しになりますが、心理学という学問は、大半の人にとって大学で初めて学ぶことになる学問でしょう。ですので、その姿をイメージすることは必ずしも容易ではないかもしれません。たとえば、心理学は「文系」の学問だと、一般には思われているかもしれません。これは、歴史的経緯や、対象が人であることなどから、正しい側面もあります。一方で、学問としての心理学は、データに基づいて知見を積み重ねること（実証性）や、訓練を受けた人であれば誰であっても同じ結論に到達できること（結果の再現性）を重視してきました。そのために実験や調査を設計し、統計学的な方法を用いてデータを分析し、評価する方法論を確立してきました。一見扱いが難しい人のこころを対象とするからこそ、手続きや分析の客観性を保ち、科学的な知見に到達しようとするところは、心理学の大きな特徴です。こうした点からは、心理学はむしろ理系的な側面を持つ学問分野だと理解することができます。調査結果のなかで、研究法や実験実習、統計学といった科目が重視されていたことも、その傍証といえるかもしれません。このように心理学を多面的にとらえたうえで、心理学の教科書を紐解いてみると、新しい世界が広がるかもしれません。

本章では、さまざまな大学の個別性はあえて排除し、調査結果から総体として浮かび上がる、いわば最大公約数的な日本の心理学教育がどのようなものなのかを見てきました。一方で、少子化が叫ばれる現代、各大学は独自の特色を打ち出して、意欲のある学生を集めようとさまざまな取り組みや創意工夫をしています。そうした各大学の個性的な取り組みは、本章で示したような総論的な調査結果からはなかなか浮かび上がりません。もしも読者の皆さんが、これから実際に心理学を大学や大学院で学ぶことを考えていらっしゃるのでしたら、本章で示された総論的な全体像を踏まえたうえで、進路の候補となる大学のホームページやパンフレットを読んだり、オープンキャンパスに足を運んだりすることをお勧めします。それによって、その大学独自の特徴について、また自分の学びたいことが学べるか、目指す将来像と合っているかといったことについて、深く検討することができるでしょう。本章が、日本の心理学教育の全体像をとらえるうえで、また読者の進路の道標として少しでも役立つことを願ってやみません。

また、最近は大学や大学院の教育の内容が、大学や学部でバラバラであることが問題とされています。そこで日本学術会議という国の機関が、いろいろな分野の「大学教育の質保証の参照基準」というものを作っていて、心理学でも二〇一四年に基準が定まりました。[6] そこでは、大学の心理学教育では「心のはたらきとは何か」など六つの知識や素養を学ぶこととなっており、今後これらの基準を満たすかたちで授業内容が整理されていくと思われます。

最後に、国家資格に関連した状況について述べておきます。新しい国家資格である「公認心理師」を創設する法律が、二〇一五年に国会で可決され、二〇一七年に施行されました。公認心理師資格のために必要なカリキュラムが新たに国によって定められ、国家試験が二〇一八年度から開始されます。この資格に対応する心理学関係部局を持つ大学では、学部や大学院修士課程のカリキュラムを、早いところでは二〇一八年度から変更します。各大学の入学パンフレットやホームページなどから、最新の情報を入手していただければと思います。

【引用文献】

（１）Kusumi, T., Yama, H., Okada, K., Kikuchi, S., & Hoshino, T.（2016）A national survey of psychology education programs and their content in Japan. *Japanese Psychological Research,* **58**(Suppl. 1), 4-18.

日本心理学会　大学における心理学教育調査　単純集計表（https://psych.or.ji/wp-content/uploads/old/education-simple-spreadsheet.pdf）

（２）文部科学省（2016）『文部科学統計要覧（平成28年度版）』（http://www.mext.go.jp/b_menu/toukei/002/002b/1368900.htm）

（３）読売新聞教育部編著（2014）『大学の実力 2015』中央公論新社

（４）リベルタス・コンサルティング（2016）『平成27年度文部科学省委託調査「大学教育改革の把握及び分析等に関する調査研究」調査報告書』（http://www.mext.go.jp/a_menu/koutou/itaku/__icsFiles/afieldfile/2016/12/14/1371451_1.pdf）（二〇一七年三月七日閲覧）

（５）日本臨床心理士資格認定協会（2017）『新・臨床心理士になるために（平成29年版）』誠信書房

（６）日本学術会議（2014）「大学教育の分野別質保証のための教育課程編成上の参照基準――心理学分野」（http://www.scj.go.jp/ja/info/kohyo/pdf/kohyo-22-h140930-4.pdf）

【推薦図書】

中西大輔・今田純雄編（2015）『あなたの知らない心理学――大学で学ぶ心理学入門』ナカニシヤ出版

心理学とはどういった学問なのか、大学で心理学を学んだ後にどんなキャリアがありうるのかについて、いろいろな分野にまたがる多くの心理学者たちによる解説をまとめた一冊です。コラムが多数載っていたり、心理学を学ぶための本の読み方・選び方に一章が割かれていたりと、心理学に関心がある人のさまざまな疑問に対応できるようになっています。心理学を本格的に学び始める際のガイドブックとして、本書とあわせて役に立つでしょう。

第4章 心理学の卒業論文は社会で役に立つのか？
――リサーチスキルの現代的意味

【山 祐嗣】

1 はじめに

大学で教えられた、あるいは学んだ心理学は、社会で役に立つのでしょうか。そのように問いかけられれば、専門を活かした職種として、家庭裁判所調査官や臨床心理士を思い浮かべる人が多いでしょう。また、企業などでは、パーソナリティ心理学を学べば人事担当として、社会心理学を学べば消費者行動などのマーケティングや組織編制などの担当として役に立つと思われているのではないでしょうか。

しかし、実際に大学の教員に、心理学のさまざまなスキルのうち何が重要か質問してみると、そのような実務的な領域の心理学には、さほど重要性を感じていないことがわかります。むしろ、実験計画や統計、論文・レポートの読み方や書き方、プレゼンテーションの方法など、心理学的知識を支えるような研究法、つまり、リサーチスキルに関係したり、それを高めたりする教育が重要であると判断されている方が多いのです[1]。その理由を先生方に尋ねたわけではありませんが、一つの理由として、これらが卒業論文や修士論文、さらに博士論文に直接役に立つということが挙げられるかもしれません。何といっても、学生あるいは大学院生が良い論文を書いて学術誌に掲載されれば、指導教員の評価も高くなるわけですから。それに、学術誌に論文が掲載されるということは、その論文で主張されていることが直接社会で役に立つわけではなくても、その学問領域の発展に貢献できるわけで、学問領域の発展は直接的にも間接的にも社会貢献につながります。

それでは、リサーチスキルは、そのような研究者になる人だけに必要なのでしょうか。そうではないというのが本章での結論です。もう少し詳しく述べれば、私たちは生活において、専門家ではなくても、科学的あるいは専門的な判断が必要な場合が頻繁にあります。より厳密にいえば、一見素人的な判断で問題がないように思えても、じつは専門的な判断ができる人が一人でも多くいれば、社会全体が好ましいほうに変化するということです。公的な判断に直接参加する機会としては選挙投票があり、また特殊な例としては裁判員になることがあります。また、インターネットなどの活用によって、メディアからの記事について批評することも可能になりました。この点は3節で詳しく述べたいと思います。

2 リサーチスキルとは何か

A 大学で教えられる心理学について

第3章「大学ではどんな心理学を教わるの？」を見ますと、心理学のリサーチスキルについてのカリキュラムは、一般に大学二年生時に履修する、心理学の実験授業や心理・教育統計に始まるといえるでしょう。そこでは「科学的」を志向する教育が行われています。

科学的とはどういうことなのかについては多くの議論がありますが，最大公約数的に集約すれば，「ある現象をどのように説明するのか」に尽きるでしょう。もちろんその前に，心理学を科学にすべきなのかどうかという議論もあるとは思いますが，心理学の場合は，「行動という現象をどのように説明するのか」が目標であって，その説明のための概念あるいは理論として「精神」を想定している研究者が，最も多いように思われます。実験授業は心理学への科学的な思考の習得のための訓練で，また，統計は科学的記述や推論のための道具です。このような訓練が四年生での卒業研究に結びつき，自分が興味を抱く学術論文や学術書を読み，理論あるいは仮説を検証するために実験や調査を行って，その卒業論文を書くことが奨励されています。

私たちは，大学で教えられる心理学について，いろいろと調査を行いました。[1] **表4-1**はその調査のうち，心理学についてのさまざまなスキルの重要度を，大学の心理学専攻の学生を教えている教員に質問したものです。「0」が重要ではない，「1」が重要，「2」が非常に重要という分類で，それぞれの回答教員数が数字で示されています。左の欄が大学院を設置している大学，右の欄が設置していない大学です。また，それぞれのスキルは，「リサーチスキル」についてのもの，「心理学専門」についてのもの，「職業一般」に役立つもの，「人生一般」に役立つものというように分類し，それに該当する項目には「1」としています。もちろん，これら四種に明確に分類できるわけではありませんので，重複しているものもあります。たとえば，項目1「心理学の基礎的概念や主要な理論を理解する」は，「リサーチスキル」にも「心理学専門」にも該当します。

こうしてみると，さすがに項目19「APAマニュアルに基づく英語論文を書く」や，項目11「推測統計（t検定，F検定等）を理解し，分析をする」，項目12「多変量解析（因子分析等）を理解し，分析をする」）のような項目は専門性が高すぎて，重要度が低く評定されていますが，それ以外のリサーチスキルにかかわる項目は，おしなべて重要と見なされています。なお，『APAマニュアル』とは，アメリカ心理学会（American

大学教育の種類ごとの重要性評定の頻度

				大学院がある心理学専攻			大学院がない心理学専攻		
リサーチスキル	心理学専門	職業一般	人生一般	重要度 0	1	2	重要度 0	1	2
1	1	0	0	51	25	48	34	21	49
1	1	0	0	58	53	13	59	33	12
0	1	0	1	26	64	34	20	54	30
0	0	0	1	23	45	56	14	45	45
1	0	0	1	33	55	36	30	53	21
1	0	0	0	26	44	54	30	49	25
1	1	0	0	27	39	58	22	50	32
1	1	0	0	24	37	63	22	51	31
1	1	0	0	58	47	19	72	23	9
1	1	1	0	22	29	73	11	40	53
1	0	0	0	17	37	70	10	49	45
1	0	0	0	37	68	19	40	50	14
1	0	0	0	26	44	54	29	49	26
1	1	0	0	22	62	40	14	64	26
1	0	1	1	27	63	34	25	57	21
1	1	1	0	17	34	73	14	40	50
1	0	1	1	19	56	49	24	42	38
1	0	0	0	61	38	25	70	24	10
1	0	0	0	118	5	1	100	4	0
0	0	0	1	51	58	15	20	60	24
0	1	0	0	57	43	24	21	59	24
1	1	0	0	51	51	22	30	53	21
0	1	0	1	79	35	10	46	45	13
0	1	1	1	75	44	5	48	44	12
0	1	1	1	52	63	9	34	57	13
1	0	0	0	58	41	25	48	39	17
0	1	0	1	94	23	7	57	41	6

表4-1　心理学教育でのスキル：

スキル項目
1．心理学の基礎的概念や主要な理論を理解する
2．心理学の学説史と方法論の発展を理解する
3．人々は多様であり，心の働きが集団や文脈によって異なることを理解する
4．個人・社会における心理・行動の理解や問題解決に，個人的経験や疑似科学ではなく，心理学の概念や理論を用いる
5．人が陥りやすい誤りやバイアスの種類（確証バイアス，相関と因果の混同など）を学び，それに陥らない批判的思考を行う
6．変数の操作的定義に基づいた検証可能な研究仮説をつくる
7．心理学的な根拠が明確な先行文献を検索する
8．心理学の日本語専門雑誌論文を読む
9．心理学の英語専門雑誌論文を読む
10．実験や調査結果の表やグラフを作成する，読み取る
11．推測統計（t 検定，F 検定等）を理解し，分析をする
12．多変量解析（因子分析等）を理解し，分析をする
13．実験研究デザインや測定の妥当性について理解し，実施する
14．アンケート調査を立案し，実施，分析する
15．研究に必要なITスキル（コンピュータ活用能力）を身につける
16．レポートを証拠に基づいて論理的にまとめる
17．議論や発表のためのコミュニケーションスキルを身につける
18．『心理学研究』など学会誌の執筆要項に基づき論文を書く
19．APAマニュアルに基づく英語論文を書く
20．心理学の知識を自己理解や自己管理，自分の成長に生かす
21．心理学の知識と経験を，自身の進路，キャリア開発に活用する
22．代表的な質問紙法，知能・発達検査，投影法を理解し，査定（実施，解釈，フィードバックなど）を行う
23．カウンセリング，心理療法の基礎的な技法・態度を身につけ，心理面接を行う
24．心理学の知識に基づき，集団，コミュニティに関わり，支援する
25．社会的・文化的・個人的な人々の多様性を尊重する
26．心理学研究における研究協力者の権利保護などの倫理問題を理解し，実践する
27．対人支援における倫理問題を理解し，実践する

注：重要度　0＝重要ではない，1＝重要，2＝とても重要

Psychological Association）による、学術雑誌に投稿するための論文の作成マニュアルです。このようなスキルは大学院生には重要になってくるかもしれませんが、学部教育では、項目9「心理学の英語専門雑誌論文を読む」止まりとなっているのが現状です。ただし、残念ながらこの項目9も、決して重要度が高いわけではありません。

B　リサーチスキルとは何か

一般にリサーチスキルとは、何か問題が生じたときに、その問題のありかを突き止め、その問題の原因を探るために他の研究者による既存のデータがあればそれを用い、それで足りなければ調査や実験を行い、それらのデータを分析することによって問題解決の示唆を得ることができる、一連の能力を指します。たとえば、ある製品が売れないときに、既購入者にはその製品についての満足度や不満度を、未購入者にはその製品が持つ印象を調査すればよいでしょう。そして、もし既購入者の満足度が高いにもかかわらず売れ行きが悪いのだとすれば、その商品の改良にコストをかけるのではなく、その商品をどのようにして宣伝すればよいのかという問題に絞り込むことが可能になります。

前述の調査は心理学が最も得意とする領域かもしれませんが、実際の卒業論文あるいは修士論文のための研究では、あまり実用的なものは多くはありません。大学での論文指導は、リサーチスキルのトレーニングであると同時に、場合によってはその領域の進歩のための学界への貢献も期待されていますので、扱われる問題は、学界あるいはその領域において重要視されているものとなります。心理学において最も多い問題は、ある現象をどのように説明するかです。たとえば、ジャムなどの商品を選択しようとする場合、普通、種類が多いなかから選択する場合と少ないなかから選択する場合では、多いなかから選択するほうが満足度が高いと誰もが予想するのではないでしょうか。ところが、イエンガーとレッパーの研究[2]によれば、二十四種からよりも六種からジャムを選ぶほうが、満足度が高かったのです。つまり、少ないほうから選択すると満足度が高いのです。

もし、商品の売り上げを伸ばすことだけが目標ならば、この研究結果が事実かどうかを確認し、現在売り場に並べられている豆腐の種類が二十四種もあるならば、それを六種に変更すればよいかもしれません（この事実が知られてしまったのでしょうか。私が時々行くスーパーマーケットは、最近豆腐の種類を減らし、私のお気に入りの豆腐が売り場から消えました）。しかし、このテーマが卒業論文や修士論文で扱われるならば、なぜそのような逆説的な結果になるのだろうかという説明、あるいは理論が求められることになります。

では、この逆説（パラドックス）はどのように説明できるのでしょうか。一つの可能性は、種類が多くなると一つひとつの商品の検討に時間やエネルギーを費やし、最終選択に至るまでにうんざりしてしまうというものです。これは、選択肢が多いと選択への負荷が増大するということで、「過負荷説」と呼ぶことにしましょう。もう一つの可能性は、選択しなかった商品に対する後悔です。つまり、何かを選択すると、選択されなかった商品のなかにもっと良いものがあったのではないだろうか、という後悔が生じるのです。経済学の用語では、「機会損失」と呼ばれています。この後悔は、六種のなかから一つを選択するよりも、二十四種のなかから一つを選択するほうが大きくなるので、後者の選択の満足度が低くなるのです。この説明を「後悔説」と呼びましょう。

この二つの説のうち、どちらがよりうまく説明できているのでしょうか。学術的な研究は、この問題を解決することを目指します。そのためには、それぞれの理論から異なる予測を導くことができるような実験、あるいは調査を立案することになります。ここがリサーチとして最も困難な部分なのですが、どちらの理論からも同じ予測にしかならないような実験・調査では、それを行う意味はほとんどありません。たとえば、条件の数をもとの実験から変更して三種の条件と十種の条件を設定し、過負荷説からも後悔説からも三種の条件での選択満足度が高いと予測して実験を実施し、予測どおりの結果であっても、どちらの説をより支持するのかという示唆はまったく得られないことになります。なぜなら、その結果はどちらの説からも説明できるからです。もちろん、現象そのものが生起するものなのかどうかを確認するという意味では重要かもしれませんが、理論的発展への貢献はありません。

リサーチスキルとは、どちらの理論が説得力があるのかを検証するための研究を計画し、実施して、論文あるいはレポートの作成までの過程を支えるスキルです。表4-1において、リサーチスキルで「1」と記されている項目は、いずれも研究遂行に非常に重要なものです。ところが、卒業論文などで養われるリサーチスキルについては、多くの人たちにまだまだ誤解があるのではないかと私は考えています。一般に、卒業研究というと、非常に狭い専門の範囲の学習が行われていると思われていることが多く、場合によっては〝専門オタク〟を生み出すだけと考えている人もいるかもしれません。たしかに、先に挙げたようなテーマで論文を書こうとする場合は、イエンガーとレッパーの論文だけではなく、それに類する論文を読まなければなりません。読むべき論文のなかには、これまでそれを読んだ日本人がほとんどいないようなものも、含まれているかもしれません。その研究が、何かの売り上げに貢献できるならともかく、誰も読まないような論文の知識が増えたところで、現実社会ではほとんど役に立たないのではないだろうか、と思う人が多くても仕方がないのかもしれません。

企業の種類や企業内での職種によっては例外もあるとは思いますが、一般的には、企業からは卒業研究の教育的意義は理解されていません。一九九七年の就職協定廃止後、就職活動によって、大学四年生時の教育に大きく差し障りが生じるようになってしまいました。それによって、卒論研究がとくに大きく妨害されるという事態に陥ったのです。しかし、これに危機感を感じて声を上げたのは、企業側ではなく大学側でした。二〇〇八年、国立大学協会は、公立大学協会、日本私立大学団体連合とともに、日本経済団体連合会にこの改善を求めて要望書を提出しました。

もちろん、企業側からの卒業論文制作への理解もないわけではありません。ただしその場合でも、必要とされるスキルは、表４-１の「職業一般」で「１」と記されている項目が中心です。企業の方々とお話しする機会に、項目17「議論や発表のためのコミュニケーションスキルを身につける」は重要です、ということはよく耳にします。そのほかに重要なのは、項目10「実験や調査結果の表やグラフを作成する、読み取る」や、項目16「レポートを証拠に基づいて論理的にまとめる」などのようなものだと、考えられているのではないでしょうか。

ただし、本章で注目したい項目は、表４-１で「リサーチスキル」のみに「１」が記されている項目です。たとえば、項目６「変数の操作的定義に基づいた検証可能な研究仮説をつくる」や、項目13「実験研究デザインや測定の妥当性について理解し、実施する」のようなスキルです。このようなスキルは、研究者にならない限り、必要がないスキルなのでしょうか。１節で述べたように、リサーチスキルは、そのような研究者になる人だけに必要なわけではありません。必要という表現は言い過ぎかもしれませんが、それは良き市民として習得することが望ましいスキルなのです。

3　市民リテラシーとしてのリサーチスキルの重要性

A　リサーチスキルが市民リテラシーになる理由

リテラシー（literacy）とは元来の意味は「読解記述力」ですが、現在では、科学論文からＴＶのコマーシャルにいたるまで、何らかの形式で表現されたものを適切に理解・解釈・分析し、自分自身の方法で記述・表現する技能を意味する言葉、として用いられています。たとえば、メディアリテラシー、コンピュータリテラシー、科学リテラシーなどの用語が、次々に登場しています。

右記の用語と比較すると、市民リテラシーは概念としてやや茫漠《ぼうばく》としているかもしれませんが、良き市民として政治や経済のことを知り、また原子力発電や少子高齢化、地球温暖化など社会で問題となっていることについて適切な判断を下すと同時に、何らかの行動をとることができるような一連のリテラシーと見なすことができます(3)。市民リテラシーの重要性が主張されるようになった理由として、裁判員として良識がある判断を求められたり、情報化社会になって個人が自由に意見を発信できるようになったりした背景が大きいでしょう。さらには、昨今のグローバル化の潮流のなかで、多文化共生を志向する態度やスキルを学ぶことも重要になっていると思います。とくに、世界における南北格差や地域紛争について知ることは、重要な市民リテラシーの一面でしょう。

本章で私は、この市民リテラシーにおけるリサーチスキルの重要性を、訴えたいと思います。その理由はさまざまですが、心理学についてはメディア、とくにインターネットなどにおいて、あまりにも安直な心理テストなどが垂れ流しのように紹介されていることがその一つです。この問題は第5章で述べられていますのであまり詳しく言及しませんが、少なくとも心理学で卒業論文を書き、リサーチスキルを習得した人ならば、このような心理テストに対して批判的な目を向けることができると思います。そして、目を向けるだけではなく、批判的な声を上げていくことができればと願っています。

もちろん、心理学を専攻して卒業論文あるいは修士論文を書いた経験からは、たとえば地球温暖化についての主張に対して、どの程度批判的思考を働かせることができるのかは心もとないかもしれません。しかし、少なくともその主張となる根拠がどのようなものなのか、あるいはどのような論文で主張されていることなのかということを、調べるためのスキルはすでに習得できています。ですから、主張の根拠が強固なのか脆弱なのかという判断は可能になるのです。さらに、地球温暖化をテーマに卒業研究を行っていれば、たとえその専門家にはならなくても、主張の根拠について、心理学徒よりははるかに知悉《ちしつ》していると思われます。このような市民たちが、温暖化についてのいい加減な情報を垂れ流すメディアを監視し、それに対する批判の目をほかの人々にも向けさせるようにしていけば、比較的健全な世論が形成されていくと期待できます。

このように、リサーチスキルを習得した人たちが必ずしもその専門を活用した職に就いていなくても、専門家の主張を理解し、場合によっては批判していくことができる土壌ができれば、社会はますます良いものになっていくのではないでしょうか。とくに、「いい加減な情報を垂れ流すメディア」という表現を用いましたが、メディアで発信する人々のなかにもリサーチスキルを持った人が増えてくれば、いかに商業主義的な制約があったとしても、いい加減で興味本位的なコンテンツは少なくなってくると期待できるのです。

B　歴史的事例

産業革命の源泉とされる科学的イノベーションが、一部の天才によって引き起こされたという考え方は、現在ではおおむね却下されているといってもいいでしょう。科学的イノベーションとそれによる工業製品の増産は、まず科学的イノベーションを生み出す教育環境があり、そのイノベーションを理解する人々や、そのイノベーションに投資をする人々がいて、さらにそのイノベーションのための科学的発見への動機づけが高い、という好循環がなければならないのです。十八世紀の英国における産業革命時には、これらの条件が整っていたといえるでしょう。一七六四年にジェームズ・ハーグリーブスによって発明されたジェニー紡績機や、一七七一年にリチャード・アークライトによって発明された水力紡績機が、産業革命初期の代表的なイノベーションの産物です。

その約二百年前、十六世紀末のエリザベス一世の時代に、ウィリアム・リーという、ケンブリッジ大学を卒業して故郷で牧師の助手をしていた男が、じつはすでに靴下編み機を制作しているのです[4]。彼は、その発明について特許を得ようとしましたが、エリザベス一世は、ついに彼の機械に対して特許を与えようとしませんでした。この理由は、靴下編み機のすばらしさが理解されなかったためではありませんでした。女王は、多くの手編み職人が、この機械化によって職を失うのではないかと危惧したのです。歴史に〝もし〟は禁句かもしれませんが、もし、周囲にもっと彼の発明を理解し、社会を混乱させないようにそのイノベーションを活用する知恵があったとすれば、産業革命はもっと早くに起きていたかもしれません。

産業革命は、生産が増大してもそれによって人口が増えれば再び貧困に陥るという、マルサスの罠から人類を解放したという点で、まず評価できるでしょう。マルサスの罠とは、十八～十九世紀にかけて活躍した英国の経済学者であるトマス・ロバート・マルサスの人口論のなかにある、「食料が豊富になっても、それによる人口の増加が食料生産の増大を上回り、貧困から逃れることができない」という主張です。十八世紀までのヨーロッパはその繰り返しでしたが、産業革命以降は、人口が増えたにもかかわらず、それ以上に生産が増大して個々人が豊かになるという好循環ができました。

産業革命は、現代の繁栄につながる一里塚として重要なポイントです。しかし、十六世紀のエリザベス一世の危惧は、産業革命時にはじつは海を越えて起きています。産業革命前までは、インドでは農民の家内工業として綿布が生産され、そのインド産綿布が英国にもたらされていました。ところが、産業革命が起こると、逆に英国の綿工業で生産された機械製綿布がインドに流入するようになりました。英国の木綿が安かった理由は、奴隷がアフリカからアメリカ大陸に輸出され、アメリカ大陸のプランテーションで栽培されたきわめて安価な綿花が英国に輸入されるという三角貿易があって、それに産業革命による機械化が加わったためです。そのため、インドの綿織物工業は打撃を受けて衰退し、半農の織布工はまたたく間に失業し、その家族は飢餓のどん底にたたきこまれました。そして、当時のインド総督にして、「木綿織布工たちの骨はインドの平原を白くしている」とまで言わしめる惨状となりました。

このような歴史的事例に、リサーチスキルがどのように関係があるのかと思われるかもしれません。しかし、イノベーションを周囲がきちんと理解し、実施にあたってどのような負の副産物を考慮しなければいけないかという問題に対して、周囲の人々のリサーチスキルは非常に重要だと思います。産業革命の例のように、残念ながらイノベーションは何らかのかたちで負の副産物を生み出します。とくに、エリザベス一世が危惧したように、便利なモノの発明は、それによる労働力の軽減とともに、職を失う人が出てきます。現代でも、コンピュータの性能の向上は、潜在的には多くの労働力を不要にしたはずです。また、その便利な産物による環境に対する影響も、考慮しなければならないでしょう。しかし、イノベーションに対して周囲の理解が足りない場合は、概してそれを発展させようというサポートを得ることができません。

また、政治体制も科学・産業の発展を阻害する場合があります。とくに専制的な政治体制において、イノベーションが他の政治勢力を利する可能性がある場合には、それは禁じられますし、生産も許可されません。私たちが良く知っている例が、江戸幕府によって一六三五年（寛永十二年）に制定された武家諸法度第十七条の、「五百石以上之船停止之事」でしょう。これによって、外国との貿易のための朱印船以外に、五百石以上の大船の建造が禁止されました。この禁令の目的は西国大名の水軍力の抑制ですが、これによって江戸期の日本において造船技術の発展が大きく阻害されたことは、容易に想像できるでしょう。

C　現代におけるリサーチスキルの意義

現代の繁栄は、このようなイノベーションの蓄積の結果です。イノベーションに対するさまざまな阻害要因は、教育の普及や民主的政治制度の確立によって取り払われてきました。コンピュータの開発やそれに続くインターネットの発展は、研究者間の情報分析や情報共有を大規模に可能にし、ここ二十年ほどのさまざまな領域の進歩には目を見張るものがあります。とくに最近注目すべきは、ＩＴ技術によるＤＮＡの解析で、がんを含む難病に対する遺伝子治療が、かなり期待を持たれるようになってきました。私たちの生活に直接は役に立たないことかもしれませんが、化石人骨のＤＮＡ解析によって、ネアンデルタールとクロマニヨンの関係や、約六万年前にアフリカから全世界に拡散していったホモサピエンスの大移動などについても、二十年前と比較してずいぶんと明らかになってきています。

もちろん、イノベーションによる変革期には、負の副次効果もあります。しかしイノベーションの凄みは、それをさらに新しいイノベーションによって解決してきたことでしょう。一九七〇年代には、産業化による環境破壊や公害、石油資源の枯渇が心配されていました。ところが、テクノロジーの発展というイノベーションによって、それらの問題もある程度解決され続けています。あらゆる分野でエネルギーの効率化が可能になり、大気への影響が緩和されて、必要な石油の消費量の抑制が可能になりました。また、もちろん石油資源はいずれ枯渇するのかもしれませんが、今まで困難であったシェール層からの石油や天然ガスの抽出が可能になったことにより、世界のエネルギー事情が大きく変化するシェールガス革命が進行中です。

とどのつまりは、楽観的すぎるかもしれませんが、現代は、かなりいろいろなことがうまくいくようになっている時代です。この状態を保つために、さらによりもっとすばらしい世界にするために、リサーチスキルを伴った市民リテラシーが必要なのです。このリテラシーが反映された非常に印象的な事件は、小保方晴子氏による一連の科学的不正への摘発です。ネイチャー誌のArticleとLetterにおいてそれぞれ発表されたＳＴＡＰ細胞に関する論文において、多数の実験画像が不適切なデータ処理・加工され、他論文から流用されたという点が疑われました。専門家による検証の結果、研究のための基本的手続きがあまりにもずさんであるなどの指摘を受けて、上記の二論文は取り下げという判断が下されました。

一連の不正の発覚は、パブピアー（PubPeer）というインターネットウェブサイトに寄せられた投稿によるものです。これは、匿名で意見投稿できる研究者のためのソーシャルメディアで、研究者たちによる匿名での意見投稿を通して、世界で公開された科学論文の検証、議論が行われているウェブサイトなのです。もちろん、ここへの投稿者はかなりの専門家であると思われますが、重要な点は、その後メディアの影響で、かなり多くの市民を交えての議論に発展したということです。私自身にとって印象的だったのは、概して専門の研究者のなかからは研究不正として非常に厳しい意見が多かったのに対し、メディアに携わる人々のなかには、擁護意見が散見されたことでした。どちらが正しいかという判断は軽々にはできませんが、研究者としての教育を受けているのかいないのかということで、つまりリサーチスキルを習得しているか否かによる発言内容への影響があったといえるでしょう。この事件は、〝リケジョ〟ともてはやされた女性の失墜に溜飲を下げる人々や、罠にはめられた悲劇のヒロインという見方をする一部メディアによって、多くの人の注意を引きつけたかもしれません。しかし、ここで注目したい点は、このような問題に対して、専門家以外の人たちも発言をすることが可能になっているという事態です。この議論において、市民リテラシーとしてのリサーチスキルの重要性が、高まったように思われました。

4 リサーチスキルを伴った市民リテラシーによって社会は良くなるのか

A　二重過程理論

人間は、道徳的かつ賢明になりつつあるのでしょうか。もしなっているのだとすれば、それは何によるものなのでしょうか。そもそも「道徳的」や「賢明」を定義しようとすること自体が、途方もない議論を引き起こしますし、これはとてつもなく大きな問題です。

ここでは、この問題を、**図4-1**に示される二重過程理論で考えていきます。二重過程理論とは、科学に代表される現代の輝かしい文明を創り上げた人間が、推論において容易に過ちを犯すということはどういうことなのかを説明するために、一九七〇年代に提案されたものです。当初は、推論において、バイアスの影響を受けやすいシステムと、分析的な思考と規範的な解答を可能にするシステムを仮定することによって、この問題の解決が試みられました。(5) 本章では、前者を進化的に古いシステム、後者を進化的に新しいシステムとして区分したいと思います。

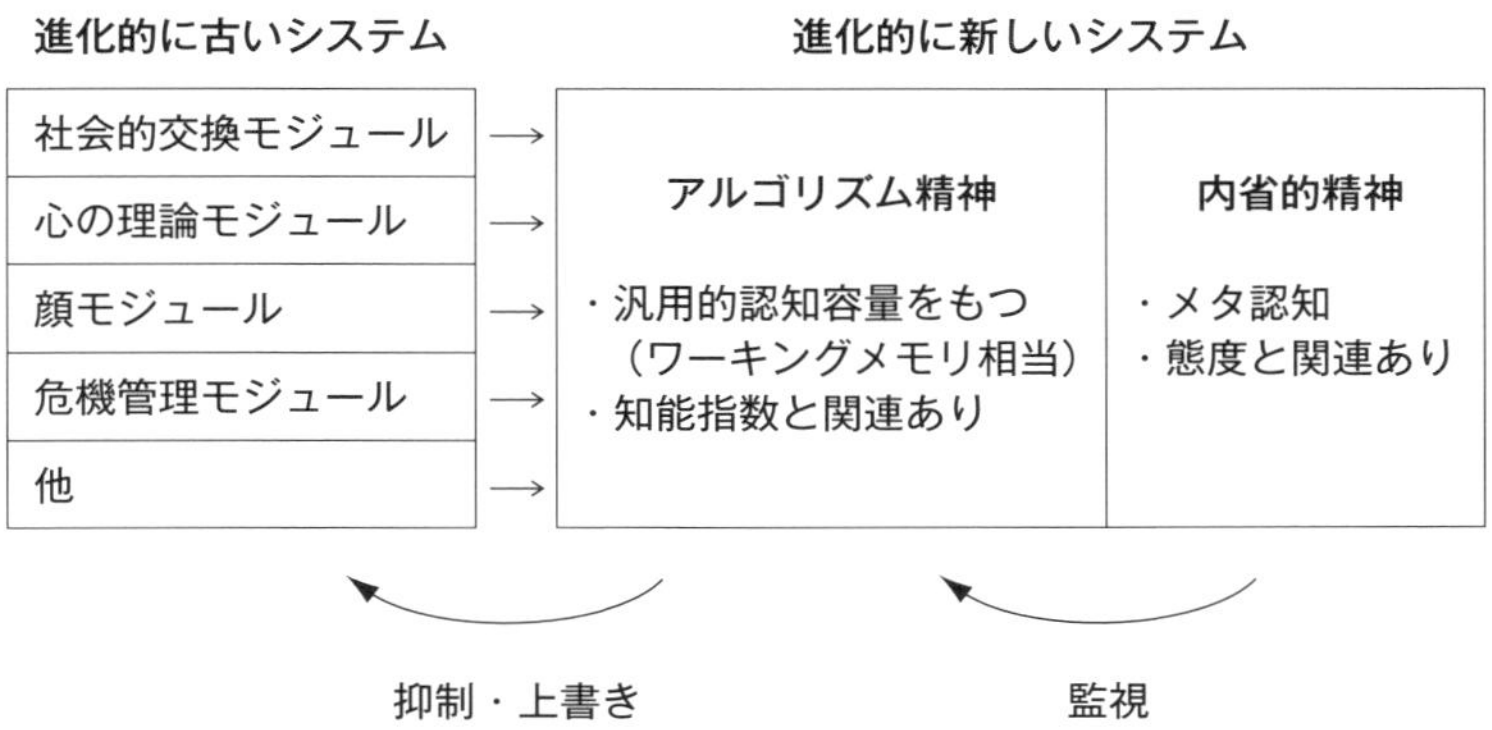

図 4-1　二重過程理論の構造

古いシステムは、図4-1に示されるように、たくさんのモジュールの集まりと考えられています。モジュールとは、特定の刺激にのみ反応し（領域特殊的）、刺激入力から反応までが自動的で、意識による制御を受けにくい一つのユニットです[6]。たとえば、顔モジュールは、顔認識システムとして最近はコンピュータにも実装可能になっていますが、人間の場合は、顔という特定刺激に反応し、ほとんど自動的に「怒っている」などの情動を読み取る機能を持っています。顔モジュールが意識の制御を受けにくい例として、壁の染みを亡霊の顔のように認識してしまう場合があるでしょう。頭では（進化的に新しいシステムでは）、それは壁の染みとわかっていても、怖くてたまらないという経験はかなり共有されているかもしれません。進化的に新しいシステムは、それは単なる壁の染みと教えてくれるのですが、古いシステムから出力される恐怖は消えないのです。古いシステムにおける処理の特徴は、速い、並列的、無意識的、自動的、非制御的で、人類以外の生物にも可能という点です。

それぞれのモジュールは、何らかの適応課題、つまり解決できると生存や繁殖という点で非常に適応的になるような課題を解決できるシステムとして進化したと推定されています。どのような機能単位をモジュールと見なすかについてはさまざまな議論がありますが、ここでは代表的なものとして、顔モジュール以外に、社会的交換モジュール、心の理論モジュール、危機管理モジュールを挙げました。

社会的交換モジュールは、適応的な交換を可能にしてくれています。贈り手のコストが小さく、受け手の利得が大きいような交換は、人間をはじめとする生物の適応を高めます。しかし、交換における一番のリスクは、もらったにもかかわらずお返しをしないという〝騙し屋〟の存在です。このモジュールは、交換という領域において、騙し屋に敏感という機能とセットで、進化したといえます。交換は分業を可能にし、自給自足を脱して専門化へと移行する過程を促進してくれます。

心の理論モジュールは、他の個体の行動という領域刺激に対して、個体ごとに「心」を持っていることを認識することで、他者の意図を理解することを可能にしてくれます。それによって、社会的哺乳類として、他個体と協同するという適応課題を解決してくれています。社会的交換モジュールと心の理論モジュールは、人類の協同と、交換による分業を可能にし、高度な文明を築きあげてきたその源泉ともいえます。

また、危機管理モジュールは、高所、火、猛獣、ヘビなどの爬虫類、血液などの汚れという領域に対して、恐怖を喚起するモジュールです。これによって、人類の生存確率がかなり高められるのです。これ以外にも多くのモジュールが考えられていますが、ここでは、以降に触れるものだけの紹介にとどめます。

進化心理学者のなかには、汎用的なシステムは原理的には進化しえないとして認めていない人も多いのですが、二重過程理論では、進化的に新しいシステムが想定されています。このシステムは、進化によって増大した認知容量を基盤とし、ちょうど容量の大きなコンピュータがいろいろなことができるように、汎用的に柔軟な思考を可能にしてくれています。このシステムでの処理は比較的ゆっくりで、同時に複数のことはできないという直列性を持ち、意識的、制御的です。このシステムはさらに、認知容量自体についてのアルゴリズム的精神と、それを監視する内省的精神に分けられます。この認知容量を基盤とするアルゴリズム的精神は知能指数（IQ）とも関連し、抽象的で汎用的な思考を可能にしてくれます。そして、進化的に古いシステムから自動的に出力される結果に対して、それを抑制したり、上書きするというかたちで修正を施したりする機能があります。また、内省的精神はそれを監視するシステムで、ちょうど認知の認知であるメタ認知に相当します⑸。

B　古いシステムからの出力は修正されるのか

二重過程理論の当初の仮定は、進化的に古いシステムからの出力を、新しいシステムが修正していくという素朴なものでした。しかし、どの程度修正が可能なのかについては、認知的判断の種類によってさまざまなようです。とくに、感情と結びついた古いシステムのモジュールからの出力は、なかなか上書きされにくいといわれています。たとえば、唾液を汚いものとして嫌悪するのは、進化的に古いシステムの、危機管理モジュールによるものととらえることができます。ただし、自分の唾液については、口の中の唾液は平気で飲み込むことが可能です。では、この自分の唾液を、コップに出して集めたものは飲み込むことができるでしょうか。ほとんどの人にとって、ずいぶんと抵抗があるのではないでしょうか。進化的に新しいシステムは、おそらく、口の中の唾液もコップの中の唾液も同じであると判断できるでしょう。それにもかかわらず、やはりコップの中の唾液は飲むことができません。自分自身の唾液ですから、細菌やウィルスに感染するリスクはほとんどないにもかかわらず、危機管理モジュールによって気持ち悪く感じるのです。

同じように、進化的に古いシステムからの恐怖を拭い去ることができないのが「迷信」です。とくに、何かをすると悪いことが起きるというタイプの迷信は、その何かをタブーとしてしまう傾向が強いように思われます。根拠がない迷信は、進化的に新しいシステムは非合理的と判断します。しかし、古いシステムは、それを行うことに大きな不安を感じてしまうのです。そのタブーを破らなければならないような、あるいは破ることに大きな利得があるという状況が重なれば、その迷信・タブーもいつか忘れ去られてしまうかもしれません。

しかし、そうではないもの、たとえば、「仏滅に結婚式をあげる」や「友引に葬式を行う」のように、とくにそれを守ったからといって社会に大きな支障にならないようなことは、迷信的習慣として残り、それを破ることに不安を感じたりするのです。

また、進化的に古いシステムからの出力は、かなり影響力があります。心の理論モジュールからの例を考えてみましょう。「一人の人間の死は悲劇だが、百万人の死は統計である」という有名な言葉があります。これは、ソビエト連邦の独裁者であるヨシフ・スターリンの言葉とされていますが、実際は、『西部戦線異状なし』で知られている作家のエーリヒ・マリア・レマルク、あるいはホロコーストにかかわったとされてイスラエルで処刑されたアドルフ・アイヒマンの言葉ともいわれています。この百万人という数字は戦争を想定したものですが、もう少し現代風に置き換えてみましょう。

現在、日本では一年間に百万人以上の方が亡くなっていますが（世界ですと、さらにその五十倍以上です）、そういう人たち一人ひとりに涙を流していては、日常生活はとても成り立ちません。したがって、それは私たちにとって統計でしかないのです。しかし、親しい方の死、あるいは特に親しくなくても感情移入が起きてしまうような一人の死を見ると、とても悲しくなってしまいます。百万人の死は、認知的に新しいシステムで理解はできても、私たちの悲しみを揺さぶるまでにはいたりません。しかし、後者のこの感情移入は、古いシステムの心の理論モジュールによるものです。このモジュールが起動してしまうと、この場合は悲しみですが、強い感情を伴うことになります。

心の理論モジュールによる感情移入は、架空のストーリーによっても喚起されます。骨髄移植は、白血病や悪性リンパ腫などの血液の病気に有効な方法ですが、そのためには、ドナーがいなければいけません。そのため、政府広報などで日本骨髄バンクへのドナー登録の呼びかけがなされていますが、なかなか効果はありませんでした。ところが二〇〇五年から、日本骨髄バンクへのドナー登録者数が数年間、飛躍的に増加しているのです。この理由は、ヒロインの少女が白血病で亡くなるというストーリーの『世界の中心で、愛をさけぶ』が、二〇〇四年に映画とドラマが、ほぼ同時に放映されたためであると推定されています。この原作は片山恭一によって、二〇〇一年に発表されていますが（二〇〇六年に文庫化）[7]、結局人々に強烈に訴える力があるのは、政府広報ではなく映画やドラマなのでしょう。

心の理論モジュールは、ストーリー性がある人間の行動という領域に敏感で、そこでヒロインや彼女を取り巻く人たちの心の中で起きていることの推定を可能にし、彼らの悲しみを共有させてくれるのです。政府広報などのメディアによる説得が、進化的に新しいシステムに働きかけたと思われるのに対し、映画やドラマは古いシステムに働きかけて、心の理論モジュールを喚起させたのだと推定できるのです。私自身は、これを「セカチュー効果」と名づけたいのですが、残念ながら、セカチューが早かったにもかかわらず「カイリー効果」という呼び名に先を越されてしまいました。カイリーとは、母国オーストラリアと現在居住の英国で活動している人気歌手の、カイリー・ミノーグのファーストネームです。彼女は、二〇〇五年に乳がんとの診断を受け、手術を受けて回復した際に、がん撲滅の啓もう活動などを行ったのですが、彼女の影響で多くの若い女性が乳がん検査を受けたといわれ、医師によって「カイリー効果」と呼ばれるようになったのです。多くの女性は、頭では、つまりおそらく進化的に新しいシステムでは、乳がんが怖いと理解しています。しかし、実際に予防的な行動に移るには、心の理論モジュールによるカイリー・ミノーグという患者への共感の力が大きかったといえるでしょう。

また、一見合理的であっても、じつは進化的に新しいシステムが古いシステムからの出力を合理化するだけ、という場合もあります。これは好悪判断や道徳的判断において見られやすく、簡単にいえば、古いシステムによる好悪判断がまず先にあり、新しいシステムは、それを修正するのではなく、それにもっともらしい理由を付けるだけということです[8]。たとえば、優秀で目立つ新入社員に対して何となく気に食わない気持ちを抱いたとき、企業内の暗黙のルールを知らないその新入社員について、「彼（女）は、常識を知らないから嫌い」ということがありうるのではないでしょうか。古いシステムからの嫌悪が、新しいシステムによって合理化されると、むしろ事態はやっかいです。なぜなら、古いシステムからの非合理的な判断に、根拠を与えてしまうことになるからです。このような合理化が多人数において共有されてしまうと、新入社員へのいじめや差別に結びつくことになります。

「たとえばは、証明ではない」という諺にあるように、このような例証によって進化的に古いシステムからの出力を修正しにくいということを主張するのは、リサーチスキルの欠如ともいえるかもしれません。しかし、この問題は一つずつ事実を積み重ねて推定していくほかはなく、このような論法になってしまっています。次に、現代への進歩を二重過程理論の枠組みで語ってみたいと思います。

C　天使の羽としてのリサーチスキル

文明化によって人間の精神は荒廃したと、しばしばいわれてきました。とくに、性善説を唱える人々には、人間が暴力的になったのは文明によって武器を使用するようになったからであって、太古の人々は争いもなく平和に暮らしていたという、「高貴な野蛮人」（noble savage）説が信じられていました。しかし、考古学や人類学的知見からこの説はとうの昔に棄却され、人々は文明を確立し、発展させることによって、暴力や殺人を減らしてきていると現代では考えられています。(9) それでは、人間の精神自体は変化しているのでしょうか。前項では、進化的に古いシステムからの出力は修正されにくいという事例を紹介しました。しかし、歴史という長いスパンで見れば、この修正は確実に行われているのではないかとも推定できるのです。

ここでは、十八世紀におけるヨーロッパでの変化と、一九六〇年以降の変化について考えてみます。

十八世紀は、ヨーロッパにおいて戦乱が縮小化し、拷問や魔女狩り、異教徒への弾圧などが減少した時期です。その時点までは、異教徒や魔女、犯罪人は、危機管理モジュールを機動させる刺激でした。スティーヴン・ピンカー(10)によれば、この背景には、王権の強化（警察権力の強化）と人道主義革命があると推定されています。王権は、封建的領主間の勢力争いを沈静化させるリヴァイアサンとして機能しました。『リヴァイアサン』とは、トーマス・ホッブスの著作で、「万人の万人に対する闘争」状態を鎮める国家を意味します。また、イマニュエル・カントに代表される人道主義は、内省に基礎を置く弁証法的な方法から理性を導こうとする考えに基づいており、二重過程理論の用語を用いれば、「進化的に新しいシステムの、内省的精神の使用を促進している」ということになります。

そしてもう一つ重要な点は、十八世紀に書籍の生産が急上昇したことでしょう。これによって小説が人々の間に普及しました。小説を読むことは、自分自身とは異なる他者がどのように考え、どのように感ずるかを想像することを喚起します。言い換えれば、進化的に古いシステムの心の理論モジュールを刺激し、他者への共感を高めるのです。この共感が高まれば、拷問や惨殺される側の恐怖や悲しみを自分のものとしてとらえることが可能になり、それらに対する拒否感が生じてきたといえるでしょう。危機管理モジュールからの恐怖や嫌悪という出力が、協同という適応課題を解決するのに有利だった心の理論モジュールからの共感という出力と競合したり、進化的に新しいシステムでの人道主義思想から上書きされたりして、減少したと推定できるのです。

一九六〇年以降の変化は、第二次世界大戦のような大きな戦争の終結と、さらに今世紀に入ってからのジェノサイド（たとえば、一九七〇年代後半のポル・ポトによるカンボジアでの虐殺や、一九九四年のルワンダでの虐殺、一九九五年のボスニア内戦でのスレブレニツァの虐殺）の消滅として、特徴づけられます（ただし、南スーダンで現在進行中の可能性もあります）。

そして、それと並行するように進んだのが、知能指数の上昇と人権意識の高まりです。図4-1の「アルゴリズム精神」が知能指数が表すものに相当し、知能指数は認知容量と結びついていて変動しにくいと考えられていたのですが、じつは、知能テストの素点平均自体がかなり上昇しているのです。この上昇を最初に指摘したジェームズ・フリンの名をとって、「フリン効果」と呼ばれています。(11) この原因ははっきりと明らかになっているわけではありません。しかし、親による教育の意識の変化、子どもの労働からの解放、公教育や高等教育の普及はこの五十年で大きく向上していて、これらの要因が知能指数を押し上げているのではないかと推定されています。とくに、米国において、知能指数が低いとされたアフリカ系米国人の生活や教育環境が改善されるにつれて、彼らの知能指数が劇的に上昇しているのです。

また、この五十年間の変化として、人権意識の高まりも無視することはできません。一九六四年に米国において、人種差別を禁ずる公民権法（Civil Rights Act）が制定されたときでも、まさかその五十年以内にアフリカ系米国人から大統領が選ばれるとは誰も予想していなかったでしょう。しかし、この五十年の間に、フェミニスト運動の高まり、動物への虐待の禁止、同性婚への許容など、弱者とされた側の権利を尊重するという潮流が並行して続いていて、オバマ大統領の誕生も、この潮流のなかに位置づけられるのが適切かと思います。

これらの潮流に総じて影響を与えているのが、第二次世界大戦後の、世界レベルにおける大学教育とメディアの普及でしょう。日本においても戦後、大学卒業者の数が増大し続けています。振り返ってみれば、とくに日本の教育において、高等学校まで人権問題等について真剣に考える機会は、一部を除いてはあまりないのではないでしょうか。これらは、大学に入学した後に大きく触れることになる問題です。このような傾向は、多かれ少なかれ世界で共通しています。残念ながら、人権の問題は政治的に利用されやすく、利用されるようになれば「初めに結論ありき」となり、教条的《ドグマ》になってしまいます。教条的な人権論同士のぶつかり合いは、新しい憎しみを生み出し、進化的に古いシステムからの出力を呼び起こすだけで終わってしまうという結果になるでしょう。しかし、必ずしも人権問題とは直接関係がなくても、健全なリサーチスキルが人々の間に共有されていれば、良質なメディアコンテンツを生み、さまざまな主張のためにはどのような根拠があるのかを問う態度が形成され、社会は良き方向に向かうと思えます。

米国においてアフリカ系米国人への差別が小さくなったとはいえ、じつは米国南部のアラバマ州の州憲法には、二五六条「議会は、公立学校制度、公立学校の資金の割当制度、白人の子ども用と有色人種の子ども用の別々の学校を創設し、維持する義務を負う。（中略）どちらの人種の子どもも、もう一方の人種用の学校に通ってはならない」という条項が残っています。ほとんど効力を持っていないとはいえ、この条項を削除する議案は、二〇〇四年にアラバマ州議会で否決されています。現在、米国では排外主義を掲げるトランプ現象が起き、ヨーロッパでは極右が台頭してきています。また、日本では、特定の民族に対する憎悪表現（ヘイトスピーチ）が問題視されるようになりました。異なるものへの拒否は、進化的に古いシステムに常に存在し、新しいシステムが抑制しようとしてもその抑制の根拠に疑いが持たれたり、それによって自らが不当に扱われていると感じられたりすると、容易に頭をもたげるものなのでしょう。

進化的に古いシステムからの負の出力を抑制し、人権意識を健全に育成し、フリン効果を継続していくために、私はリサーチスキルの重要性を強調したいのです。心理学の研究で、人権意識に関係しているのはごく一部の領域だけではないだろうかと、いぶかる人もあるかもしれません。しかし、2節でも述べたように、リサーチスキルとは非常に一般的なスキルの集合です。何かを主張しようとすれば、主要な文献を読むことが必要であり、証拠が重要であるという態度と深くかかわってきます。その意味で、卒業研究を経験することは、進化的に新しいシステムの、内省的精神を育成することであるともいえるでしょう。卒業論文はすべての大学・学部で課されるわけではありませんが、少なくとも心理学などにおいては、重要な意義を持っているということがわかるでしょう。

5 まとめ

現代の繁栄は、進化的に新しいシステムの賜物であるといえます。教育の影響を受けやすいのは進化的に新しいシステムであり、さらにそのなかで、内省的精神の機能が、教育・環境に最も敏感であると考えられています。そして、この機能を健全に育成するために高等教育は効果的で、とくに心理学の場合、卒業研究によって育成されるリサーチスキルが非常に重要であろうということが、本章の主張です。4節で記したように、このような教育は一九六〇年以降かなりうまく機能していますし、それが世界をより良きものに変革してきたということは、しっかりと認識する必要があるでしょう。

現在の日本において、研究者以外でリサーチスキルが不足していると感じられるのは、メディアに携わる人たちではないでしょうか。メディアでは、商業的利益が見込まれないような話題は、扱いが軽くなることは避けられないことかもしれません。しかし、科学的発見や、特定の科学分野でパラダイム的な変化があったときなど、それをもう少し読者・視聴者に伝える人材があってもよいという印象です。すでに取り上げましたが、小保方晴子氏の事件についても、ジャーナリストなど、メディア側からの見識がある論評は、少なかったように思われます。

それでも、個人的な感想として、メディアも変化してきているという印象はあります。とくに、一九七〇年代、八〇年代は、現代の視点から振り返れば先に結論ありきという報道が多く、たとえば青少年のさまざまな問題は、ほとんどが受験競争とステレオタイプ的に結びつけられていました。一例を挙げると、一九八〇年に起きた予備校生による両親の殺害事件でも、犯人の予備校生は受験競争の犠牲者というニュアンスで報道され、悪いのは受験競争であるということがほのめかされていました。ところが、二〇一四年に起きたある有名大学の学生による殺人事件（現段階では容疑者）では、そのような論評はほとんど影を潜めていた点が対照的でした。もちろん、これにはメディアの変化だけではなく、殺人という行動の病理についての理解が進んできたという背景もあります。しかし、受験競争悪玉説一辺倒の時代とは大きな違いがあるように思われました。今から振り返れば、七〇年代、八〇年代は、「受験競争が青少年の精神を歪めていることにしなければいけなかった」時代ではないか、と思えるほどです。

現代は、メディアが政治や権力を監視する時代から、メディア自体も監視されるという時代に変化しています。的を射ていない論評に対しては、メディアリテラシーやリサーチスキルを持った視聴者から、即座に批判が返ってくる時代になっています。もちろん、インターネットで見かける意見はほとんどが粗雑である、という見方もあるかもしれません。それにもかかわらず、この五十年間の変化・潮流を見ていると、リサーチスキルは一部の専門家だけが有するのではなく、広く人々に共有されるようになって、そしてそれによって社会は望ましいものになりつつある、ということがいえるのではないでしょうか。

【引用文献】

（1）Kusumi, T., Yama, H., Okada, K., Kikuchi, S., & Hoshino, T. (2016) A national survey of psychology education programs and their content in Japan. *Japanese Psychological Research*, **58**(Suppl. 1), 4-18.

（2）Iyengar, S. S. & Lepper, M. R. (2000) When choice is demotivating: Can one desire too much of good thing? *Journal of Personality and Social Psychology*, **79**, 995-1006.

（3）楠見孝（2013）「科学リテラシーとリスクリテラシー」『日本リスク研究学会誌』二三巻、二九-三六頁

（4）Hills, R. L. (1989) William Lee and his knitting machine. *Journal of the Textile Institute*, **80**, 169-184.

（5）Stanovich, K. E. (2009) Distinguishing the reflective, algorithmic, and autonomous minds: Is it time for a tri-process theory? In J. St. B. T. Evans & K. Frankish（Eds.）, *In two minds: Dual processes and beyond*. Oxford: Oxford University

Press. pp.55-88.

（6）Fodor, J. A.（1983）*The modularity of mind.* Cambridge: MIT Press.（伊藤笏康・信原幸弘訳〈1985〉『精神のモジュール形式——人工知能と心の哲学』産業図書）

（7）片山恭一（2001）『世界の中心で、愛をさけぶ』小学館

（8）Haidt, J.（2007）The new synthesis in moral psychology. *Science*, **316**, 998-1002.

（9）Daly, M. & Wilson, M.（1988）*Homicide.* New York: Aldine de Gruyter.（長谷川眞理子・長谷川寿一訳〈1999〉『人が人を殺すとき——進化でその謎をとく』新思索社）

（11）Flynn, J. R.（2012）*Are we getting smarter?: Rising IQ in the twenty-first century.* New York: Cambridge University Press.（水田賢政訳〈2015〉『なぜ人類のＩＱは上がり続けているのか？——人種、性別、老化と知能指数』太田出版）

（10）Pinker, S.（2011）*The better angels of our nature: Why violence has declined.* New York: Viking.（幾島幸子・塩原通緒訳〈2015〉『暴力の人類史（上・下）』青土社）

【推薦図書】

ピンカー、S著／幾島幸子・塩原通緒訳（2015）『暴力の人類史（上・下）』青土社

リサーチスキルや市民リテラシーとは一見無関連の書籍で、これらの用語は本書のなかでは登場しません。しかし、「現代は精神が荒廃した」などの扇動的な書籍が多いなか、多くのデータを用いながら、人類がいかに英知を重ねてこの平和で豊かな社会を築き上げてきたかについて、たいへん詳細に論じられています。この英知が、人々の間の市民リテラシーの高まりであるといえるでしょう。

第5章

心理学者は誰の心も見透かせるの？
――学問とニセ科学の違い

【菊池　聡】

1　はじめに

社会心理学者の村井潤一郎先生は、著書にこんな経験を書いています。

「心理学を専攻していると言うと、相手から〝私のことを何でも分かってしまうのでしょうね〟などと言われることがあります。そのたびに、心理学者は人の心理や性格がたちどころに分かる人だとかんがえられているのだなあと、その期待に困惑したり恐縮したりします[1]」

どうやら、「心理学を学ぶと人の心を見透かせるようになる」という考えは、専門家にとっての心理学の認識とは異なるようです。こうした、一般に考えられている心理学と学問としての心理学との食い違いは、第1章で紹介した市民調査の結果からも浮き彫りにされてきました。本章では、こうしたギャップがもたらす問題の一つとして、心理学者たちを悩ませ続けている一つのことに着目したいと思います。それは、心理学がしばしば、「科学とはいえないもの」「怪しいもの」というイメージを持たれてしまうことです。

そもそも、心理学という学問は「科学」なのでしょうか。しばしば「心の科学」と呼ばれるところをみると、理系の科学のように思えます。しかし、大学の専攻としては、心理学は文学部などの文系に属すことが多いようです。雑誌などに載っている心理テストなどは、いかにも非科学的なもののように思えます。心理学は、はたして科学と言えるのかどうかは、科学と非科学の境界線という哲学の課題とも関連し、また、現実に多くの人々を巻き込む社会的な問題にもつながっています。

本章では、日本心理学会に所属する専門家へのウェブ調査結果をもとに、私たちの社会にとっての心理学と科学のあり方と、身近にある問題点について、考えを深めていきたいと思います。

2 心理学は科学なの？

皆さんは「心理学」という学問に、どんなイメージを持っているでしょうか。物理学や数学、生物学などと違って、中学や高校の授業のなかに心理学という科目はありません。そのため、人によってまったく異なったイメージでとらえられることがしばしばあります。たとえば、脳の機能を解明するような科学的な手法を使って人の心を解き明かすものだと考える人もいれば、学校カウンセラーの方々に接した体験から、悩みを解きほぐしてくれる優しい相談相手と考える人もいるでしょう。心の研究をするのだろうと思って大学の心理学コースへ進んだら、授業はネズミの行動実験だったり、統計の勉強だったりして面食らったという話も、ちょっと前には数多く聞かれました。

第1章で紹介された市民調査でも、心理学として一般に理解されていることには、非常に多様なものがあることがわかりました。そのほかにも、若い人たちが持つ心理学のイメージについての調査研究は、当の心理学者によってしばしば行われ、結果が公表されています。やはり、自分の学問がどう見られているのは気になるのですね。たとえば佐藤の調査[2]では、心理学を学ぶ前の大学生が持つ素朴なとらえ方として最も多かったのが、「人の感情や考えを読むことができる」という読心術系で、初学者の四八％がこうしたイメージを回答しました。次いで、対人理解のためのツールや、カウンセリングや悩み相談に関するイメージ、と回答されています。大橋らの調査[3]でも、「心理学を学ぶとできると思うことは」という問いに、同じように人のこころが理解できるようになり、それをもとにしたコミュニケーション力向上や、他者サポート力向上が期待されています。ほぼ同じ結果は、松井[4]の調査でも報告されました。

数多く行われたこうした調査を総合して眺めてみますと、心理学は「人のこころがわかるもの」であり、多くの若者に、「面白そう・楽しそう・興味深い」といったポジティブな関心が持たれていることがわかります。さらに、科学的で理系的というイメージも多く見られる一方で、「不思議で神秘的」とか「つかみどころがない」といったミステリアスなものまで、さまざまなイメージが多様に混在しているようです。そして、他の学問にはあまり見られない特徴として、「うさんくさい」「怪《あや》しい」学問だというイメージを持つ人も少なくないことがうかがえるのです。

あなたもこんな言い方は聞いたことありませんか。

「心理ゲームって面白いけれど、インチキくさいよね」

「非科学的な根拠で、決めつけをするのがいやだ」

「メンタリストって、本当に人の心が読めるのかな?」
「心理学って占いみたいなものでしょう? 心理療法って一種の宗教だよね」
「テレビに出てる心理学者って、本当にいい加減なことしか言わないね」

心理学が多くの関心を集めているのは結構なことなのですが、心理学への不審を抱く人もいることは事実です。そこにはさまざまな原因があると思いますが、ここで〝まじめ〟に考えてみたいのは「心理学ははたして科学なのだろうか?」という点です。一般に、心理学は「心の科学」と呼ばれるように、科学の一分野ととらえられます。それにもかかわらず、占いのような心理ゲームや心を読むメンタリスト、さらには、前世とか守護霊といったスピリチュアル系の出版物までが心理学に分類されることもあります。こうなると、「心理学って、科学というわりには怪しい学問なんだな」と、胡散臭《うさんくさ》い思いをされても仕方ありません。

そもそも、物理学でも化学でもコンピュータサイエンスでも、一般に「科学」とされる学問は、大学では理系の専攻になりますね。ところが、日本の大学の心理学コースの多くが設置されているのは、たいてい理系ではなく文系の学部です。しかし、そんな文系の心理学授業でも、人の脳や神経の仕組みを調べたり、データの統計的な分析もしています。こう考えてみると、心理学というのは、「科学」なのか違うのか、かなり混乱してくることも事実です。

また、この問いには、そもそも「科学とは何か」という定義がはっきりしていないと、なんとも答えられません。おそらく、「科学的」というと理系の自然科学のことが漠然と思い浮かぶと思いますが、この点は簡単にイメージで語れない大事なことなので、後でしっかりと考えていきます。加えて、「非科学的」という表現はふつう悪い意味で使われますが、科学ではないことそれ自体は必ずしも悪いことではありません。たとえば文学や音楽、芸術、哲学といったものは、いわゆる科学ではありませんが価値のある学問です。ですから、心理学をめぐっても、文脈によって非科学的という表現の意味づけが変わりうることを、意識しておいてください。

こうしたいくつかの背景を考慮したうえで、本章ではこの「心理学は科学なのだろうか？」という疑問を軸に、専門家へのウェブ調査結果をもとに、心理学の特徴や分類について考えてみたいと思います。

結論らしいことを最初に述べますと、まず学問としての心理学のなかには、科学とはいえないものの、重要な取り組みがあります。たとえば、人の悩みを共に考え、より良い生き方を考えていくカウンセリング実践などは、科学という性格は希薄です。また、学問としての心理学のほかにも、人々の智慧《ちえ》としてそれなりに社会的に機能している常識心理学があることは、第1章で紹介されました。加えて、雑誌やネットで見られる「心理テスト」や心理ゲームのように、商品として科学性を度外視した心理学もあります。こうした多様なものが一つの「心理学」という表現でまとめられているのが、現状であると思います。

ただしここで重要なことは、その結論自体ではなく、「心理学は科学なのか？」という問いを考えることにこそ、心理学という営みをより良く理解するうえで、また私たちが科学を考えるうえで、とても有用なものであることです。これを念頭に置いて、心理学の世界に分け入っていくことにしましょう。

3　心理学者はどう考えているの？

中学生・高校生には、心理学ははたして「科学」として受け取られているのか、二〇一六年に行われた調査を紹介しましょう[5]。この調査では、全国の中学一年生～高校三年生、七五八名から、いくつかの学問領域や関係する分野について、「あなたのイメージではどれくらい科学的なものだと思うか」「私たち自身や社会にとって意義（意味）がある大切なものだと思うか」という問いに、ウェブ上で回答をしてもらいました。回答は、

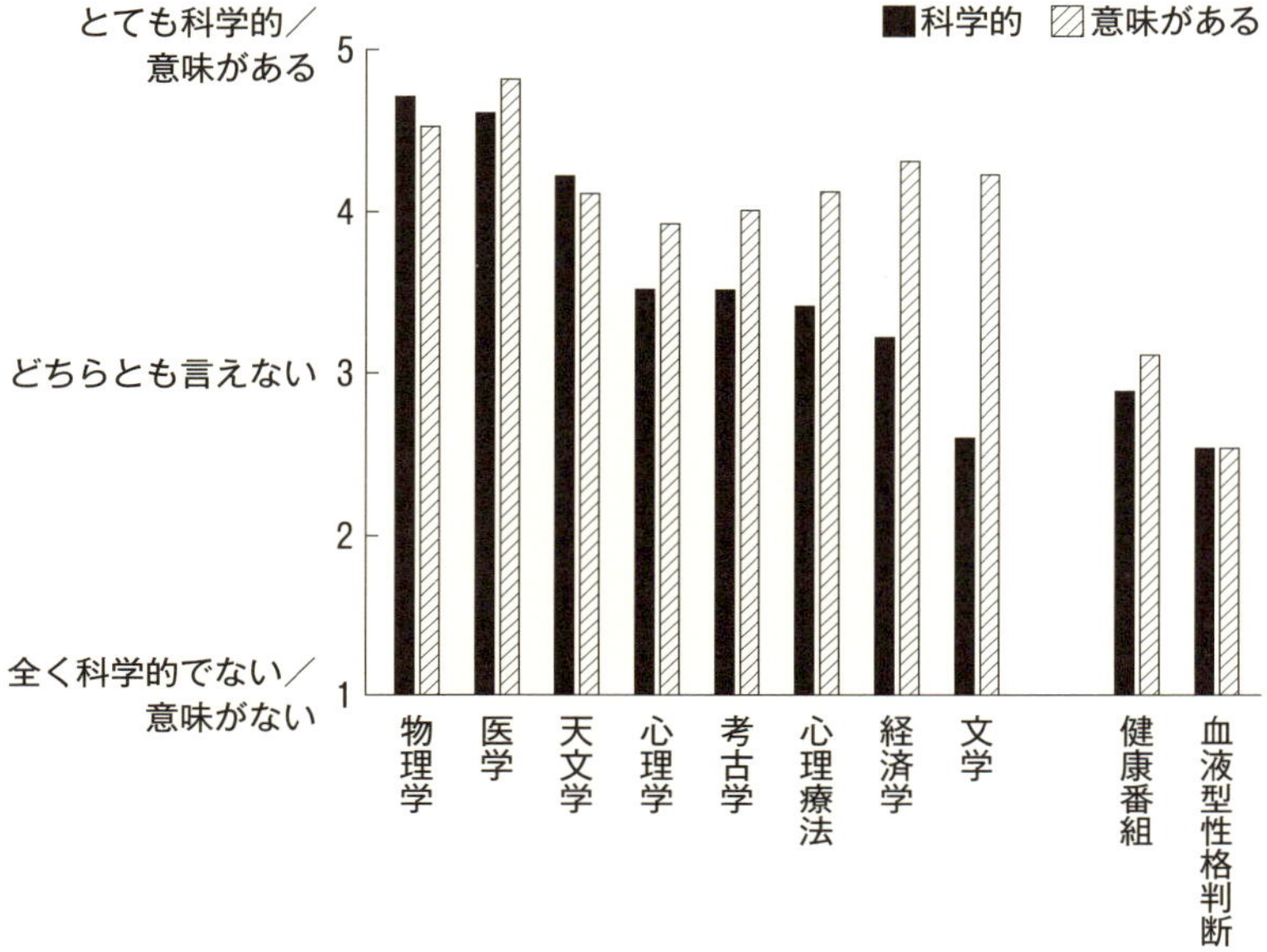

図5-1　さまざまな学問・対象に対する中高生のイメージの平均値（758人）

「とても科学的である（意味がある）」〈5点〉から、「全く科学的でない（意味がない）」〈1点〉までの五段階です。

結果の**図5-1**を見てください。物理学や医学などはきわめて科学的なイメージが強い学問です。心理学はというと、考古学や経済学と並んで、どちらかというと科学的なイメージが優越していますが、それほど明確でもありません。心理学をまったく、もしくはやや科学的でないと答える生徒は、中高生ともに二〇％前後もいました（物理学や医学では一％程度）。調査の対象となった中高生は、学問としての心理学を学んでいるわけではありません。ですから、アカデミックな心理学の実態を正しく反映したイメージとは、言いがたいところがあるでしょう。しかし、少なくともこれから心理学を学ぶ世代には、心理学を科学とは言いがたいと考える人が、ある程度いることが示されています。

では、心理学の研究や教育に従事する専門家は、自分の取り組みをどうとらえているのでしょうか。日本における広範な心理学の諸分野の専門家が所属している全国規模の団体が、公益社団法人日本心理学会です（一九二七年創立、会員数約八千名）。学会では、学術研究大会の開催や研究誌の発行、認定心理士の資格認定などのさまざまな事業を行っています。今回はこの日本心理学会に所属する会員を対象としたウェブ調査を、二〇一五年三月～七月にかけて、学会会員用のサイトを利用して行いました。協力者の総数は四三四名で、この時点の全会員の五・三％にあたります。男性六二％、女性三八％で、年齢は二二歳～八五歳（平均四一・七歳）でした。内訳は、大学や研究施設に常勤で勤めている人が六七・五％を占め、学生院生が一九・四％となっています。詳細や回答内訳などは、日本心理学会の教育研究委員会ウェブページで公開していますのでご覧ください[6]。なお、第6章には、同じ調査で実施した他の質問項目を紹介しています。

このウェブ調査結果から、心理学のイメージを見ていきましょう。

まず、専門家にもストレートに、「心理学という学問は科学であると思う」という項目に、五段階での評価を求めました。その結果、「あてはまる」「ややあてはまる」という肯定的な回答が九〇％を占めました。また、より細かく、「自分の心理学の研究や取り組みは、科学的方法論にのっとったものである」という項目でも、肯定的な回答が八四％となりました。日本心理学会に所属する専門家のほとんどは、心理学は科学的な学問であると考えていることが示されています。

もう少し、この専門家の回答を詳しく見てみましょう。日本心理学会に所属する専門家は、専門領域を1（知覚・生理・思考・学習）、2（発達・教育）、3（臨床・人格・犯罪・矯正）、4（社会・産業・文化）、5（方法・原理・歴史・一般）のなかから、複数を選んで自己申告しています。そこで、その筆頭に挙げている自分の専門別に、心理学の科学性や、自分の取り組みが科学にのっとっているかの回答を得点化して比較してみました（専門5は四人しか回答していませんので除外しました）。その結果、どの領域の専門家でも「心理学は

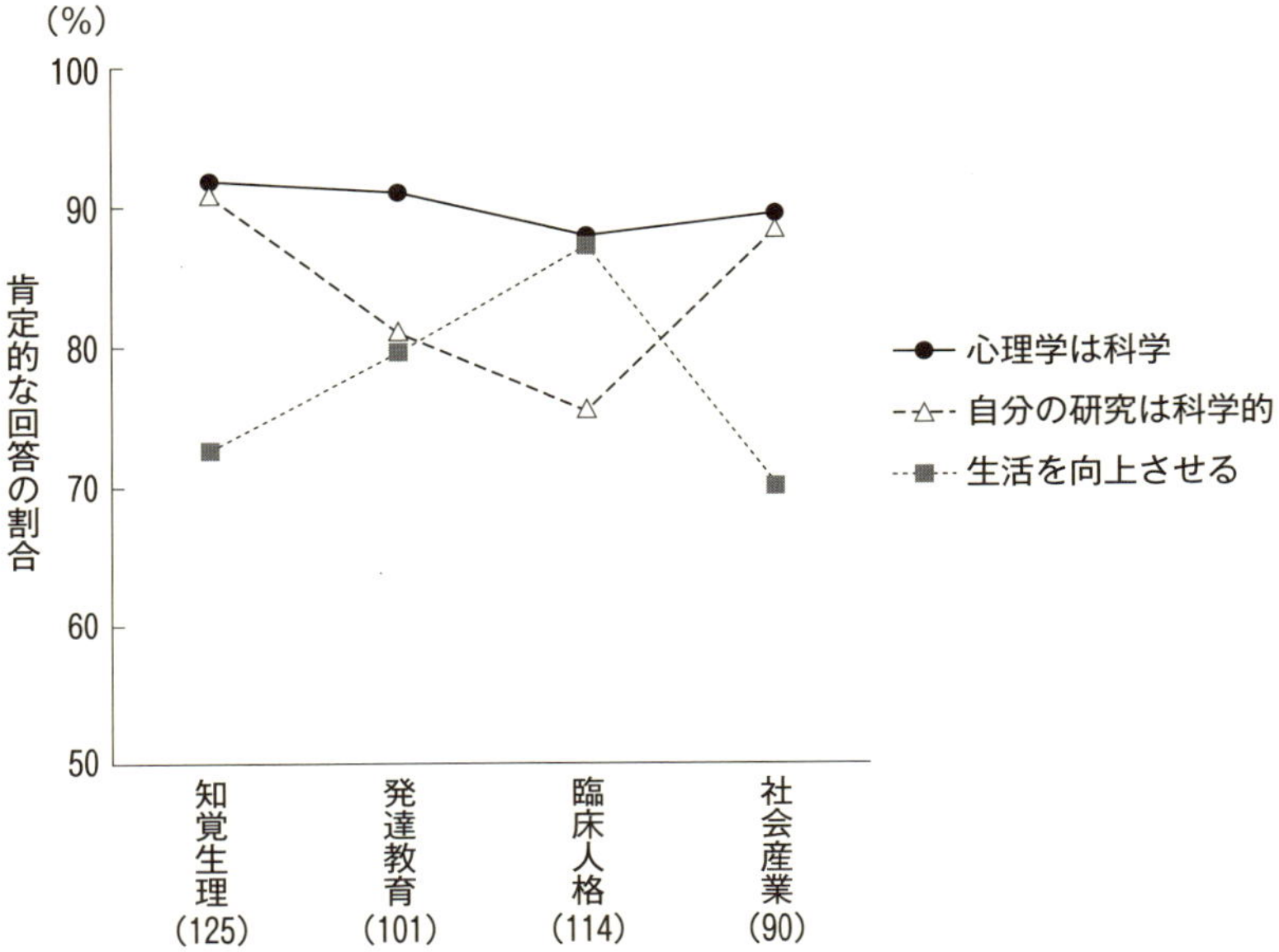

図 5-2　心理学の専門領域別の，科学とのかかわり（カッコ内数値は専門家の人数）

科学であると思う」割合は九割前後の高さで、違いはありませんでした。

しかし、「自分自身の研究や取り組みが科学的方法論にのっとっていると思うか」では、領域による違いが現れました。**図5-2**のように、知覚や生理、また社会・産業などを専門とする人たちのほとんどが、自分の取り組みを科学的と位置づける一方で、臨床人格領域で肯定的な答えは七五％程度にとどまったのです。そして、それと好対照を示しているのが「心理学の進歩が、人々の生活を向上させる」と答えた割合で、臨床・人格領域が高く、逆に自分の研究を科学的と評価した知覚・生理や社会・産業などでは、七割程度にとどまっています。これらには統計的に意味のある差が認められました。学会で研究している専門家のなかにも、「自分は科学的な方法をとらない」と考えている人がある程度いることに、驚かれたかもしれません。特に、臨床心理学が科学的方法をとらないことにはもっともな理由がありますので、後に詳しく説明しましょう。

また、科学的な研究を自認しているグループでは、心理学が生活の向上に役立つと考える割合が低いことも意外に思えます。しかし、ここに「科学」という方法の一つの特徴が表れているようです。つまり、科学的な研究は、長い目で見れば人類の知識を増やし、結果として人々の生活の向上につながります。しかし、科学研究そのものは、必ずしも生活の向上を目指しているとは限りません。わからないことがあるから、それを解明しようとすることも科学の役割です。たとえば、天文学で宇宙の起源を探ることや、素粒子の振る舞いを調べることなど、私たちの生活に直結しませんね。科学には基礎研究と、その応用研究があるのです。しばしば「科学技術」とひとことで語られますが、生活を向上させるのは科学そのものではなく、その産物である「技術」という側面があります。心理学でも、人の知覚や思考のメカニズムを明らかにすること自体を科学的と考えながらも、それが直接役に立つものではないとする心理学者が、一定数いることがここからわかります。ですから、こうした知覚や生理、学習といった研究分野は、基礎心理学と呼ばれることがあるのです。

さらに、この「心理学が科学かどうか」という問いには、いくつもの率直な意見（自由記述）が寄せられました。そのなかに頻繁に見られたのが、「科学とは何かを定義していないので、この問いは無意味な質問ではないか?」というものです。クリティカルに物事を考える心理学者にふさわしい意見ですね。この調査では、あくまでイメージとしての「科学」を問うたわけですので、それをもって心理学の科学性が左右されるわけではありません。心理学と科学をめぐっては、これまでも多くの議論がなされてきました。それらを中心に過去の歴史をざっと見てみましょう。

4 心理学の二つのかたち

「心理学の過去は長いが、歴史は短い」。これは心理学の先覚的な研究者の一人であるエビングハウスが、一九〇八年に出版した心理学の教科書の冒頭で述べた言葉です。

有史以来、宗教者、哲学者、文学者といったその時代の知識人たちは、「心」という深淵にして謎に満ちた対象を、それぞれの探究の対象としてきました。そして、時には思想として、文学として、宗教として、心の問題はさまざまに語られて、それが人類の文化を形作ってきたのです。その一方で、十七〜十八世紀にかけて、実験や観察に基づく近代自然科学がヨーロッパで徐々に体系化され、宇宙や自然、生物の仕組みが解き明かされるようになってくると、「心」も、こうした科学的な方法論を用いて研究しようという動きが起こってきました。そして、一八七九年にヴィルヘルム・ヴントが、ドイツ・ライプチヒ大学に初めて心理学の実験室を設立しました。これが、哲学から分離した現代の心理学が成立したと年とされています。心理学の祖と呼ばれるヴントをはじめ科学的心理学の先駆者たちは、それまで心の探求が、哲学的な形而上学（理性的な思考によって、その意味や原理を見出す方法）であったことを改め、他の科学と同じように観察（内観）や実験的方法によって、その要素と構成を見出せると考えたのです。

これ以降、心の働きを客観的な方法で解明する試みは、アカデミックな心理学の主流として受け継がれてきました。その系譜の先に、二十世紀後半には情報科学の影響を受けた認知心理学が発展をとげ、これが現代では脳科学や生理学などとも連携しながら、心のサイエンスの中心となっています。

この「心の働きを科学的に解き明かす」という心理学に対して、心理学にはもう一つ大きな別の流れがあります。それは、「悩める心や傷ついた心」を回復させることです。具体的にいえば、心理・行動で起こる問題の診断・治療・援助を行い、またこれらの障害を予防し、さらに人々の心理・行動面のより健全な向上を図ることを目指していく、現在では臨床心理学と呼ばれる分野です。たとえば、いろいろな悩みやストレスに苦しめられたり、さらには心理的な病や不適応に陥ったりするために、私たちが日常をより良く生きられない状態はさまざまに起こります。こうした問題を的確に把握・測定（心理アセスメント）し、苦痛を除去して回復を助けること、そして、より前向きで適応的な生き方を送れるように人間の成長を助けていくことが、臨床心理学の目的です。

スクールカウンセラーの職務としておなじみのように、心の問題を抱える人に対して心理カウンセリングやセラピーなどの心理療法を行うのが、この臨床心理学の重要な仕事の一つです。こうした実践応用は、科学的な心理学の基盤を持ちながらも、先に述べましたように科学の基礎研究とは異なるという意味で、一種の「癒やしの技術《アーツ》」としての性格も持っています。たとえば、科学的方法として大切な姿勢は、対象を客観的に観察し合理的に考えることです。しかし、もしあなたが心に悩みを抱えて相談に行ったとき、カウンセラーがあなたを科学実験の被験体のように扱い、客観的に距離をとって観察したらどうでしょう。あなたは、心からの苦悩を打ち明けて、この治療者と共に解決を考えていきたいと思うでしょうか。心理臨床の場では、相談者（クライエントと呼びます）を客観的に対象化して観察するのではなく、かけがえのない個人として尊重して、一人ひとりの現実とかかわることが重要になるとされています。そして、内面的な体験を尊重し、お互いに理解し共感しながら、現実の問題解決を図っていくのです。

このように、臨床心理・心理療法の現場においては、科学的な合理性とは異なる「知」が必要とされ、しばしば科学の知と対比されるかたちで「臨床の知」と呼ばれます。そして、それは治療に限らず、私たちが生きていくうえで必要な智慧ともいえます。だからこそ一部の臨床心理学は、科学性を欠いていても、科学とは別の文脈で価値を持っているのです。

ただ、こうした立場は理解できても、治療効果の評価や心理アセスメントのデータ分析などでは、たとえ臨床心理学といえども科学的な取り組みが求められます。これらの科学性と臨床実践をどう両立するのかは、重要なテーマの一つとして模索されてきました。たとえば、その伝統的なあり方の一つは、「科学者-実践家モデル」です。つまり、臨床心理学者は、科学的な研究法をもとにした科学的研究論文を生み出す科学者であり、心理臨床現場では、そうした研究から得られた最新の知見を実践することの両方が求められていたのです。しかし、こうした両立モデルは、現在ではそれほど重視されなくなりました。日本で使われてきた臨床心理学の教科書の記述を分析した研究を見ると、一九七〇年代頃までは、カウンセリング場面では主観重視、分析の場面では客観重視という、二つの立場を使い分ける考え方が主流でした。しかし、客観性を重視する科学志向は次第に影を潜め、かわって主観的な主張を許容し、主観と客観は同時に成立しうるという新しい科学観が見られるようになり、やがて近年の教科書からは科学的な志向性自体が消えてきているといいます[7]。

さて、ここで「心理学は科学なのだろうか?」という最初に問いに戻りましょう。

こうした臨床心理学の取り組みや、科学研究と応用技術の区別からわかるのは、科学とはいえない分野が心理学のなかにあり、そこではたとえ科学性が不十分であったとしても、それが否定的な意味ではない文脈がある、ということはおわかりいただけたと思います。ただ、このように臨床心理学が科学的な姿勢が失われていることが、かえって臨床心理学自体に悪影響も及ぼすことも指摘されています。たとえば、科学の特長である客観性や再現性が軽視されるため、治療に有効であったと治療者が主観的に判断すれば、その理論は臨床的には「正しい」ものと承認されてしまうことも起こります。治療に関する知見を蓄積すべき研究論文においても、特に日本の臨床心理学では一事例の報告（ケーススタディ）に偏っており、科学的なエビデンスを求めようとする欧米の臨床心理学に比べて著しく遅れたものになっていることが、心理学者自身によっても厳しく批判されているのです。[8]

もちろん、こうした批判を踏まえて、科学的な臨床心理学研究を志向する心理学者も多くいます。また心理療法の取り組みも、臨床現場の論理だけに支配されているわけではなく、たとえば基礎的な心理学の知見にのっとった医師による認知行動療法が健康保険適用されたことでもわかりますように、まともな心理療法であれば、科学的方法論と連携のとれた実践が行われていると考えられます。

5 そもそも科学とは何か――精神分析と科学哲学

心理臨床の現場では必然的に科学性は重視されない、ただし臨床においても科学的な姿勢は重要である、というのはうなずける話だったと思います。しかし、そうした文脈を無視して、臨床の場で用いられる科学性が希薄な実践を、すべての人にとって明確な科学的理論であるかのように主張するなら、それは科学とはいえないのではないかという疑問が生じることになります。この問題は、じつは「科学哲学」という哲学の一分野での議論の歴史と、おおいにかかわってくるのです。科学哲学者たちが取り組んでいる大テーマは、「科学と呼ばれる方法や知識とはいったい何なのだろう」ということです。その考察のなかで、科学とそうでないものをどうやって区別し、線引きを行うかの問題（境界設定問題）が重要な論点となりました。その議論に、臨床心理学の一分野が興味深い役割を果たしたのです。

十九世紀以降、論理実証主義という立場から、実証的に（経験的に）真偽を確認し、検証できるものが科学であると考えられていました。しかし、この考え方だけで科学を定義するのは無理があることも、明らかにされてきました。この状況に対して哲学者カール・ポパーは、後の科学哲学に大きな影響を与えた理論として知られる、「反証可能性」の基準を提唱したのです。これは、科学的な理論や仮説は反証可能性を持たなければならず、反証が不可能な言説はいかに科学のように見えても科学ではない疑似科学であるという考え方です。一般に、ある仮説を実験や観察で調べるとき、そこには大きく「確証（検証）」と「反証」という異なる方法があります。確証とは、その仮説に適合する証拠を示して、仮説の正しさを確認することです。たとえば、「万有引力の法則が正しいのは、リンゴの落下することでわかる」という場合です。逆に、誤りを示すことが「反証」と呼ばれる方法です。「天動説は惑星の観測データと矛盾する」という場合ですね。

ポパーのいう「反証可能性を持つ」というのは、証拠によって間違いが証明できる見込みがあるということで、これができるのが科学だという考え方です。ごく単純な例で考えてみれば、「明日は、晴れるか曇るか雨か雪か、いずれかが起こるだろう」という仮説を立てたとします。この予測は、明日になれば観測データで客観的にテストできるという意味では、見かけは科学的な仮説です。しかし、翌日の天気がどうなろうと仮説に反する結果を得ることは不可能で、データによって必ず「正しい」と実証されてしまいます。こうしたものが「反証可能性がない」仮説です。

同じく、「占いはあたることがある」という仮説は、どういう実験や観察を持ってきても正しさが確認できます。この反証不能な説明パターンは占いや血液型性格判断などで活用されているのですが、新しい知識をまったくもたらさず、情報量としてはゼロです。これら仮説や主張のように、理論があいまいであったり、後からの解釈を許すようであれば、それは反証不能になります。これに対して、まともな科学的仮説は否定されるリスクがあります。そして、高い反証リスクを負う理論こそ優れた科学理論なのだ、とポパーは考えました。そして、彼が反証不能な説として攻撃したのは、フロイトの精神分析やこれに連なるアドラーなどの深層心理学などでした。

臨床心理学には多くの流派がありますが、なかでも重要なのが、十九世紀末から二十世紀に活躍したオーストリアの精神医学者、ジグムント・フロイトによって創始された「精神分析」です。その理論では、私たちの心のなかには普段は意識できない「無意識の世界」が広がっていて、その深部には、意識から隔離されたかたちで欲望や感情、本能などが抑圧されて押し込まれており、これが人の神経症などの症状を引き起こす原因になると考えられています。フロイトは夢判断や自由連想法などを使って、無意識が顔を出した「象徴」を解釈し、これを意識化することで、心理的な治療を行う精神分析を理論化しました。フロイトの大きな業績は、こうした無意識の概念を体系化することで、前近代的な考えが横行していた精神病理の理解や治療につなげたことです。深層心理を重視する学派は、その後、ユングやアドラーといった臨床家に受け継がれ、現在でも心理療法に応用されるのみならず、一般の自己啓発書などでも人気があります。

フロイト自身は精神分析を科学と考えていたのですが、ポパーは反証不能な疑似科学としました。たとえば、「抑圧された無意識」が人の行動や意識に影響を与えるという仮説は、どのような事実で反証できるかと考えると、かなり難しいことがわかります。一例を挙げれば、精神分析ではすべての人には同性愛（両性愛）の願望があり、それは人の発達のなかで無意識の底に抑圧されているといいます。では、「あなたには同性愛願望がある」と分析家に言われたとき、いかに反証できるでしょうか。あなたが同性愛者ならば理論の正しさは確認されたことになります。同性愛者の自覚がなくても、その願望は無意識に抑圧されているのだから反証されません。強く否定しても、強い否認こそ無意識の願望を認めまいとする自我の働きだと解釈されます。このように精神分析が多用する「無意識に抑圧」とか「幼児期の抑圧された記憶」といった概念を用いると、どんな人の行動でも、ほとんどが「説明」できてしまうのです。だから、すばらしい理論のように見えてしまいます。しかし、「決して誤ることがない」という点こそ、ポパーのいう疑似科学の特徴なのです。

しかし、精神分析の臨床現場では、まさにその反証不能という性格こそが、治療のために現実を解釈し意味づける、有効なツールとなったことは想像できます。どのような症状であっても、精神分析の理論から柔軟にその意味づけが可能です。そして、その説明がクライエントを納得させ、治療を促進させることにつながるのです。現代ではさすがに純粋にフロイトを墨守する治療家はほぼいないにせよ、その思想的背景は癒やしの技術《アーツ》のなかに今も活用されているのです。

ちなみに、ポパー後の境界設定問題の議論を概観してみますと、結局、反証可能性は有力な科学の基準にはなっても、それだけでは不十分であることもわかってきました。多くの議論を経て、現在では、唯一の境界設定は不可能ではないかと考えられるようになっています。だからといって科学の境界は何でもありではなく、反証可能性も有力な基準の一つとして注意を払いつつ、その他の兆候も丁寧に見ていかなければならない、という考え方になっています。興味をお持ちのかたは、たとえば伊勢田の著書(9)など、科学哲学の概説書をご覧ください。

6 もう一つ、疑似科学としての通俗心理学・民間心理学

ここまで、学問としての心理学の内側に、非科学的な心理学が混在している状況と理由を見てきました。しかし、一般の人たちに「心理学って科学ではない」「怪しい」というイメージを持たれるもう一つの大きな源流は、学問としての心理学のほかにもあるようです。たとえば、心理学の入門書を多く手がける精神科医の和田は、心理学が信頼できる学問であることを説明した後で、以下のように述べています。

それでも心理学が「あてにならない」と思われているのは、いわゆるエセ心理学がはびこってしまっているからにほかなりません。エセ心理学というのは、本当の統計や実験にもとづいているとは思えない心

理テストや心理ゲーム的なものをいいます。たとえば恋愛をテーマにしたテレビ番組や雑誌記事で「あなたはどのタイプ?」といった心理テストをよく目にすることがあるでしょう。（中略）方法は多様ですが、答えから「あなたは○○タイプ」というカテゴライズをしたり「あなたの深層心理は」などと導き出す点では共通しています。こうした心理ゲームや心理テストが世の中に氾濫しているために、本来の心理学に対しても「占いとどう違うの」といった誤解をもたれやすい下地があるのです。[10]

科学的に根拠のない心理学がはびこっているのは、日本だけではないようです。人のポジティブな特性に着目した研究を進めているアメリカの心理学者ピーターソンは、以下のように述べています。

通俗心理学は最も上手に「心理学を安売りする」ことに成功したのであり、そのような企てのいくつかには、たしかに一般大衆にとって価値のあるものもある。だが、娯楽以外には何ら役に立たないという心理学への風刺が、時々持ち上がったりするものだ。今日、テレビやラジオで活躍する世界で最も有名な心理学者たちが、私の知る限りでは心理学の専門家としての訓練を受けたことのない連中ばかりという状況は、さすがに何かが間違っているといわざるを得ないだろう。ポジティブ心理学に群がる、たちの悪い連中には、ポジティブ心理学者たちによる入念な研究から明らかになる理論や発見を台無しにして（ここで私が「世に広めて」と言っていないことに注意してほしい）、暫定的に一般化した理論としてではなく（それならまだ許せるが）、それを単純な心理として関心を持つ人々に紹介してしまうような、ありとあらゆる人間たちが含まれる。[11]

もう一つ、優れた批判的思考の教科書を著した心理学者スタノヴィッチは、その冒頭でこう述べています。

一見、マスメディアの注目を集めていながら、心理学という学問分野は、実はほとんどの部分が一般の人々には隠されたままです。マスメディアから伝達される「心理学的な」知識は、大部分が幻想（あるいは錯覚）なのです。書店の心理学コーナーにある書物の大多数は、心理学の世界では高い評価を得ていない人たちが書いているという事実を、ほとんどの人は知りません。また、心理学者という肩書きでテレビに登場する人の多くが、アメリカ心理学会や心理科学会から心理学者とはみなされていない、ということも知られていません。[12]

そして、こうしたメディアの偏りのために、「心理学という領域で発展し続ける正真正銘の知識基盤を覆い隠してきたのです。一般の人々は何が心理学で何が心理学でないか不確かなまま、人間の行動についての主張を独力で評価することができません[12]」という現在の状況が生まれてきました。

いささかしつこいようでしたが、ここまで引用してきた三人の意見は、科学としての心理学に取り組む専門家一般に共有されている考え方です（と思っています）。すなわち、社会に流通している心理学には、必ずしも科学的な根拠を持たなかったり、わずかの根拠を拡大解釈している例が数多く見られることは、専門家の目から見れば一目瞭然なのです。にもかかわらず、これらの心理学はわかりやすく、実践的で、身近な問題に応用可能なために、一般に広く受け入れられています。第1章で概観しましたように、このように一般市民が受容している心についての言説は、アカデミックな学問的心理学に対比して、通俗心理学やポピュラー心理学と呼ばれています。心理学という学問は、他のさまざまな科学領域に比べて、この一般向けの偏った情報が流通することで学問としての心理学を覆い隠し、歪んだイメージを形作っているのです。

こうした通俗心理学の起源は大きく二つあります。

一つは、心理ゲームや心理テスト、自己啓発、能力開発などといった商品を売るために、心理学のブランド・イメージを借りるいわばニセ心理学です。マスコミは、内容の真偽や根拠づけよりも視聴者のニーズに応えることを目的としていますので、高度消費社会のなかで社会に流通する商品のハクをつけるために、科学的心理学のイメージが使われることになります。しかも、ニセ心理学の多くは、まったく根拠がないウソばかりではなく、多少の心理学の研究や観察をもとに拡大解釈をして、あたかも科学的に立証されたかのように持論を展開していくケースが多く見られます。これは看過できない問題ですが、簡単にいえば商売のためのウソや誇張ということで、話としてはわかりやすいものです。

もう一つは、第1章に説明されているとおり、私たちは日常生活の経験から自分や人の行動、心の動きについて、ある程度は説明や予測をしながら日常を生きていることです。私たち誰もが日常的な人づき合い、子育て、恋愛、勉強法、悩みの解決に頭を悩ませ、一喜一憂し、そして自分なりに考えて現実を理解し、より良い生き方を実現するために、自分なりに「心」についての素朴な知識や理論を形作っています。これが、一般的に「心理学」という言葉で表現されるのですが、これらは必ずしも科学的な意味で正しい知識であるとは限りません。これが通俗心理学につながるもう一つの流れです。

科学としての心理学が生まれる前から、他人の心の中を推測することによって行動を予測したり説明したりするこうした営みは、常識心理学や民間心理学と呼ばれます。哲学者の戸田山によれば「こういう人はこういう性格だ」「こう考えると悩みが消える」といったかたちの民間心理学が持つ人間知のなかには、優れた洞察や実際に即した智慧の結晶、ひょっとすると科学的な発見の芽もあるとされています。しかし、それは科学的な証拠に支えられたものではありません。にもかかわらず、民間心理学ではとてもあいまいな概念ではありながら、言葉にすれば科学的心理学の用語と同じように思考、記憶、判断、欲求、感情、性格、攻撃性などを扱います。その結果、科学的根拠を欠いた民間心理学が社会的に発信される際には、やはり「心理学」という名前で表現されることになるわけです[13]。

これら、ニセ心理学や常識心理学といったものが通俗心理学を構成し、社会に流通させる原因となると考えられます。もちろん、相互の境界はあいまいなものがありますし、臨床心理学に端を発する学説の曲解なども、通俗心理学のなかに盛んに取り入れられたりもします。

また、こうした社会的状況をめぐっては、学問としての心理学が持つ事情もかかわってきます。心理学は基礎から応用まで非常に広がりがあり、個別の研究領域も比較的つながりがありません。しかも、人間の心理や行動は非常に多くの要素がからみあっていて、特定のモデルですべてが説明できるわけではありません。一人ひとりの個別の心を科学的に予測や制御することは、高いニーズがあるにもかかわらず非常に困難です。そこに、日常の知としての通俗心理学が受け入れられる素地があるわけです。そして、心理学が対象とする「心」というものは、直接目に見えるものではありません。行動や反応のデータから推測せざるをえないものです。このように心理学は間接科学であり、その推測はいい加減に行うこともできてしまうのです[14]。しかも、高校までの教科に心理学の授業が存在しないことも、見過ごせない問題です[15]。結果として、私たちが社会で目にする心理学は、学問としての心理学とはかなり離れたものになってしまっているのです。

7 心理学の専門家は、疑似科学的心理学をどうとらえているのか

こうした通俗的な心理学が社会に浸透していることについて、専門家はどのような認識を持っているのか、心理学会の会員ウェブ調査から紹介します。この調査では、科学哲学でいう「疑似科学」という表現を借りて以下のように説明したうえで、「疑似科学的な心理学」についていくつかの質問に答えてもらいました。

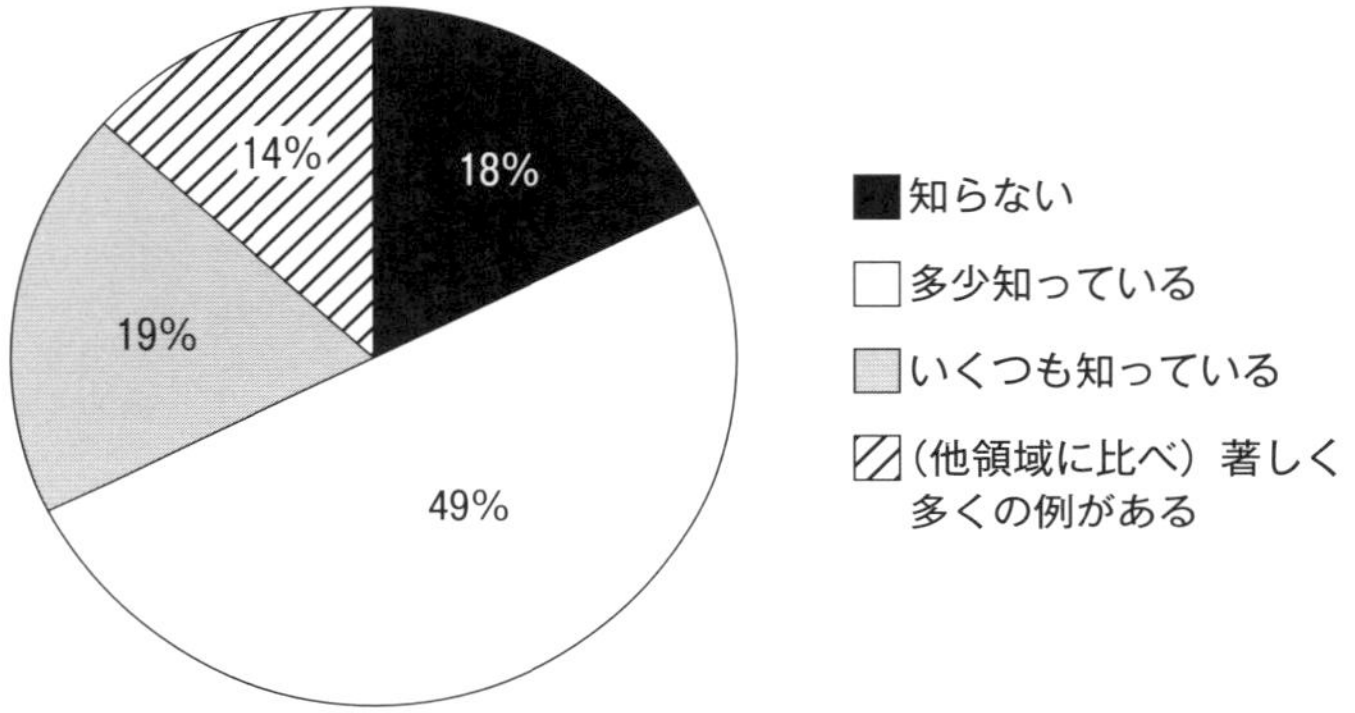

図 5-3　疑似科学的心理学を知っていますか（434人）

疑似科学的心理学とは、科学的な心理学の知見や理論のように装って、現在の社会に受け入れられたり実践されているにもかかわらず、心理学の専門的な眼から見ると科学的・実証的根拠がほとんどない人の心にかかわる主張です（心理学における科学とは異なる文脈でのアプローチは含みません）。

まず、これらの存在を、専門家はどれくらい認識しているのでしょうか。この点を尋ねた質問への解答を集計すると**図5-3**のように、八割を超える専門家が疑似科学的心理学の例を知っていることがわかりました。

次に、そうした疑似科学的な心理学の例として、知っているものを自由に書き出してもらいました。その回答のおおよその分類を行った結果が**表5-1**です（一人の回答者が複数の例を挙げている場合もあります）。具体的に書いてくださった二七一人のうち、半数を超える一八〇人が「血液型による性格判断（血液型相性診断、血液型占いなど）」を挙げています。次いで七十一人が、いわゆるテレビや雑誌で行われている血液型以外の性格診断・心理テスト・相性診断・占いの類を挙げました。これらをざっと見ていきましょう。

ＡＢＯ式の血液型で人の性格や相性、適性などを見分けることができるという説は、昭和の初めの日本の心理学者古川竹二の学説に

表 5-1　疑似科学的心理学の例として，心理学会の専門家が挙げているもの

（271人）

疑似科学的と考えられる主張	人数	具体的内容
血液型による性格判断	180	ABO 式の血液型で性格や相性，適性などが決まっていると考える諸説
テレビや雑誌などの心理テスト	71	相性診断　占い・色の好みや錯視を用いた性格診断
子育て，早期教育・環境についての主張	26	三歳児神話　母性神話　超早期教育　ADHD や自閉症の治療について　臨界期の拡大解釈と過剰汎用　子どもの発達・教育にかかわる迷信（たとえば，母乳で育てた子は知能が高いなど）
脳をめぐる主張	23	脳神話　右脳型左脳型　男女脳　ゲーム脳　脳イメージング技術の不適切な利用
臨床心理学・深層心理学	20	フロイト　夢判断　アドラー　投影法　ロールシャッハ
恋愛・対人心理ノウハウ	17	相手を操る・動かせる　心を見透かす，見通せる　表情や仕草で相手の考えていることがわかる
一般向けの心理学解説	16	テレビ情報番組や週刊誌などによる，自称心理研究家などによる根拠のない解説　社会病理
学習・能力開発	8	青ペン睡眠学習　記憶力が良くなる
自己啓発系	7	自己啓発セミナー　神経言語プログラミング（NLP）

基づいたもので、いったんは否定されたものの一九七〇年代以降、一般向けの書籍がベストセラーになり、現在も多くの人々に受け入れられています。この説は単なる占いではなく、科学的な理論のように信じる人もいますが、数多くの実証的な研究が行われて血液型と性格や相性、適性の間に、人を診断できるほどはっきりした関連性が生得的に見られるという考え方は、現時点で否定されています。一方で、血液型性格判断を唱える側は、科学としての社会的基準を満たす議論を行わず、反証情報を拒否し、一般向けの宣伝のみに努めています。これらの点で、血液型性格判断は疑似科学と位置づけることができます。こうしたもので人の性格や適性を診断することは、専門的な訓練を受けている心理学者にとっては、にわかに容認できない行為ともいえるでしょう。現実に、マスコミなどで横行した血液型による性格の決めつけは、いじめなどの社会的問題も引き起こしています（詳しくは山岡の論稿[16]など）。

同じく、雑誌やテレビでおなじみの心理テストも、専門家の眼から見ると、明らかにおかしいものが多くあることがウェブ調査結果から示されています。この手の心理テストでは、場面に応じた行動や好きな絵、色、説明などの選択肢を選んでいくと、あなたはこういう人だと診断されるものが代表的です。一方、研究や診断の現場でアセスメントに使われる一般的な心理検査でも、「あなたに当てはまりますか」といった質問に答えていくことで測定が行われることが多いので、これらは形式的にはよく似ていますが、両者はまったくの別物です。

心理学で用いる心理検査は、開発過程で数多くの人で調査を行って、それが本当に正しい診断なのか、測りたい性格を適切に測っているのか、安定した結果になっているのか、というデータを集めて検討しています。そして、適切な測定になるように統計的な分析と修正を繰り返し、現実の行動を説明する力の強い心理学理論（モデル）として改良し、その過程は論文や学会で発表して批判的検討を加えていきます。それらを経て初めて、診断や評価を行うために使うのです。人の性格や行動を把握したり診断したりするというのは、相手の人生にもかかわる重い行為だと心理学者は考えており、慎重な態度と適切なデータの裏づけが必要だからこそ、こうした手順を踏んで心理検査が開発されるのです。

しかし、雑誌やテレビで行われている心理テストは、こうした手順をまったくといっていいほど踏んでいません。なかには、実際の心理検査法を一般向けにアレンジしたものもありますが、多くのものは臨床心理学の実証性を欠いた理論からの類推や、単にライターの「思いつき」で作られたものが大半だと見受けられます。その測定の正しさは、単なるエピソードや診断された「本人の実感」が根拠になっています。性格についてのあいまいな描写は、誰にでも「自分に当てはまる」と受け取られやすい「バーナム効果」という錯覚が知られていますが、こうした効果も考慮されていません。簡単にいえば、こうした心理テストが正しいかどうかはまったく保証されないのです。これはもちろん、診断の厳密性や信頼性よりも、参加した人が面白いと思うか、楽しめるか、というエンタテインメント性に焦点が当てられているからです。こうした心理テストを見て「何を根拠にこんなことが言えるのだろう」といぶかしく思う人は多いでしょうから、専門家によっても疑似科学と位置づけられることは、比較的わかりやすいことでしょう。

しかし、表5-1を見ると、その次に子育てや早期教育に関するいくつもの話題が疑似科学として指摘されているのは、意外に思われるかもしれません。たとえば、「三歳児神話」とは、三歳までは脳が形作られる重要な時期で、それまでは家庭で母親の手で育てられないとその後の成長に悪影響が現れる、という説です。ここには、子どもにとって早期の生育環境が重要であること、そして健常な発達には特に母親の役割が大切であること、といった二つの意味が込められています。前者は多くの心理学者が認めるところですが、後者については不明確な部分も多く残ります。特に、母親が育てないと悪影響があるという点は、科学的裏づけが乏しく、厚生労働省も『平成十年　厚生白書』のなかで、こうした神話には合理的な根拠がないとしています。両論があるにせよ今回のウェブ調査から、少なくとも心理学会の専門家の多くが、こうした乳幼児の発達に関するいくつかの言説は疑似科学的なものだととらえていることがわかります。

こうした乳幼児の発達にかかわる疑似科学は、前述のエンタテインメントとしての心理テストに比べて、かなり深刻な影響を子どもを持つ親に及ぼします。少子化や核家族化が進む現代の社会で、子育てに悩む多くの親御さん（とくに母親）が、こうした根拠の明確でない言説によって不安をかき立てられ、悩みを深くする状況が起こっていることを、発達心理学の専門家はしばしば目にしているのです。

続いて、疑似科学と指摘されることが多いのが、「脳」をめぐるさまざまな主張です。脳の働きに関する科学的な知見は、近年、脳の働きを測定したり可視化する技術が発達したことで、大きな進歩を遂げています。しかし、そうした先端の脳科学を装うことで、実際には根拠の薄弱な主張でも説得力が感じられてしまうため、いい加減な話が脳科学の成果のように流布しているのです。こうした主張はしばしば「神経神話」（neuromyths）とも呼ばれ、生活のあちこちに入り込んでいます。たとえば、第1章の市民調査にも取り上げられたように、右脳型と左脳型の人がいる、人は脳の一〇％しか利用していないといったものや、ゲームに熱中しすぎるとゲーム脳という認知症の脳と同じ状態になる（ゲーム脳理論）、脳トレゲームで「脳を活性化する」、ある種の食品は「脳に良い」などといったかたちで、脳科学が乱用されています。もちろん、こうした主張のすべてが完全なウソだというわけではありません。たとえば、人の右脳と左脳では情報処理の様式が異なっていることは、すでに何十年も前から明らかにされています。しかし、ふだんは左右の脳は共同して働いていて、右脳だけを使う右脳型人間といった人が（脳損傷などの特別の場合を除いて）いるわけではありません。しかし、右脳が得意とする非言語的な情報処理様式が、教育や能力開発に役立つというイメージから、脳神経科学の研究は拡大解釈され、乱用されてきたのです。

そのほかのウェブ調査結果についても、それぞれ、なんとなく科学的なものとして受け入れているものもあるかもしれません。もちろん、一部の専門家によって疑似科学と評価されているからといって、すべてがインチキだというわけではありません。科学的根拠がいまだに十分に蓄積されていない分野であれば、評価の定まっていない主張がいくつもあって当たり前です。心理学は個人レベルの行動や発達を完全に説明することはできていませんので、そこに未科学ともいえるたくさんの新学説が唱えられることは、学問として活発に活動している証拠と見ることもできます。しかし、今回の調査で専門家が挙げたものの多くは、そもそも科学的に適切な手続きをとっていなかったり、否定的な研究があってもそれを無視して（反証不能性のかたちで）、一般向けにひたすら宣伝しているものが多く含まれているという点で、発展途上の科学というより科学を装った疑似科学であると位置づけられるものなのです。

先に、科学哲学における境界設定にはいくつもの着眼点があることを説明しましたが、そのなかには社会的な合意を重視する立場もあります。たとえば、その時代ごとに専門家がお互いの研究について議論する科学コミュニケーションを通して、妥当な境界が合意的に形成され、更新されていくという考え方です。これを「妥当性境界」といいますが、そうした視点からも心理学会の専門家ウェブ調査結果は、何が科学と言えるのかの一つの手がかりになると思います。

8　まとめ――心理学と良いつきあいをするために

専門家調査から、意外に多くの疑似科学的な心理学が私たちの身の回りにあることに、驚いた人もおられるでしょう。一方で、こうしたマスコミ向けの通俗的な心理学にいちいち学者が目くじらを立てるほどのことはない、と思うかたもおられるかもしれません。エンタテインメント性が重視される占いやゲームの類いに、科学うんぬんを持ち込むことは野暮というのももっともです。その点を考慮し、調査では、項目「疑似科学的心理学は問題視するほどのものはない」への評価も聞いています。これに、「あてはまる」「ややあてはまる」と答えた専門家はわずかに一〇％にすぎず、過半数の専門家が、やはり問題を感じていることがわかりました。

疑似科学が社会にもたらす一般的な問題としては、科学的な根拠のない商品やサービスが、あたかも有効であるかのように受け取られて流行してしまうこと、それらが市民に金銭的な損害を与えるだけでなく、健康で健全な生活に直接的に被害が及ぶこと、さらにその学問への信用を失わせることや、科学的な思考力にも悪影響を及ぼすことなどが挙げられます。[17] 疑似科学が横行している健康・医療分野では、効果の望めない健康食品やニセ医学的な治療法が深刻な健康被害を引き起こしていることは、ニュースなどで目にする機会が多くあります。特に、疑似科学的な治療を受けることで、適切で有効な治療を受ける機会を失ってしまうことが、文字どおり致命的な問題を引き起こすのです。心理学の分野でも、直接的に人を診断する心理検査や心理状態を改善する心理療法、子どもの発達を左右する養育や教育方法などの実践的な領域で疑似科学が入り込むと、同じ状況が起こる危険があります。

たとえば、**図5-4**にあるように、項目「疑似科学的心理学によって誤った心理学実践（教育、テスト、療法など）が実施されることを危惧している」に対して、「あてはまる」「ややあてはまる」とした回答が八五％にもなりました。専門家のほとんどは、心理学の実践場面での疑似科学の危険を感じています。さらに、項目「疑似科学的心理学によって心理学という学問に対する一般市民からの信頼性が損なわれている」への肯定的な答えが六七％もありました。疑似科学がこれほどまでに社会に浸透することは、科学としての心理学の信頼性を損なうだけでなく、ひいては、これから本格的に心理学を学ぼうと考える中学生・高校生に誤った学問イメージを植え付け、将来の選択を歪ませてしまうことになりかねません。

ある学問分野のなかで疑似科学が横行することで、その学問全体のイメージが左右され、さらにはさまざまな悪影響が引き起こされる状況は、心理学以外にも見られます。たとえば、脳神経系の研究者の学会である日

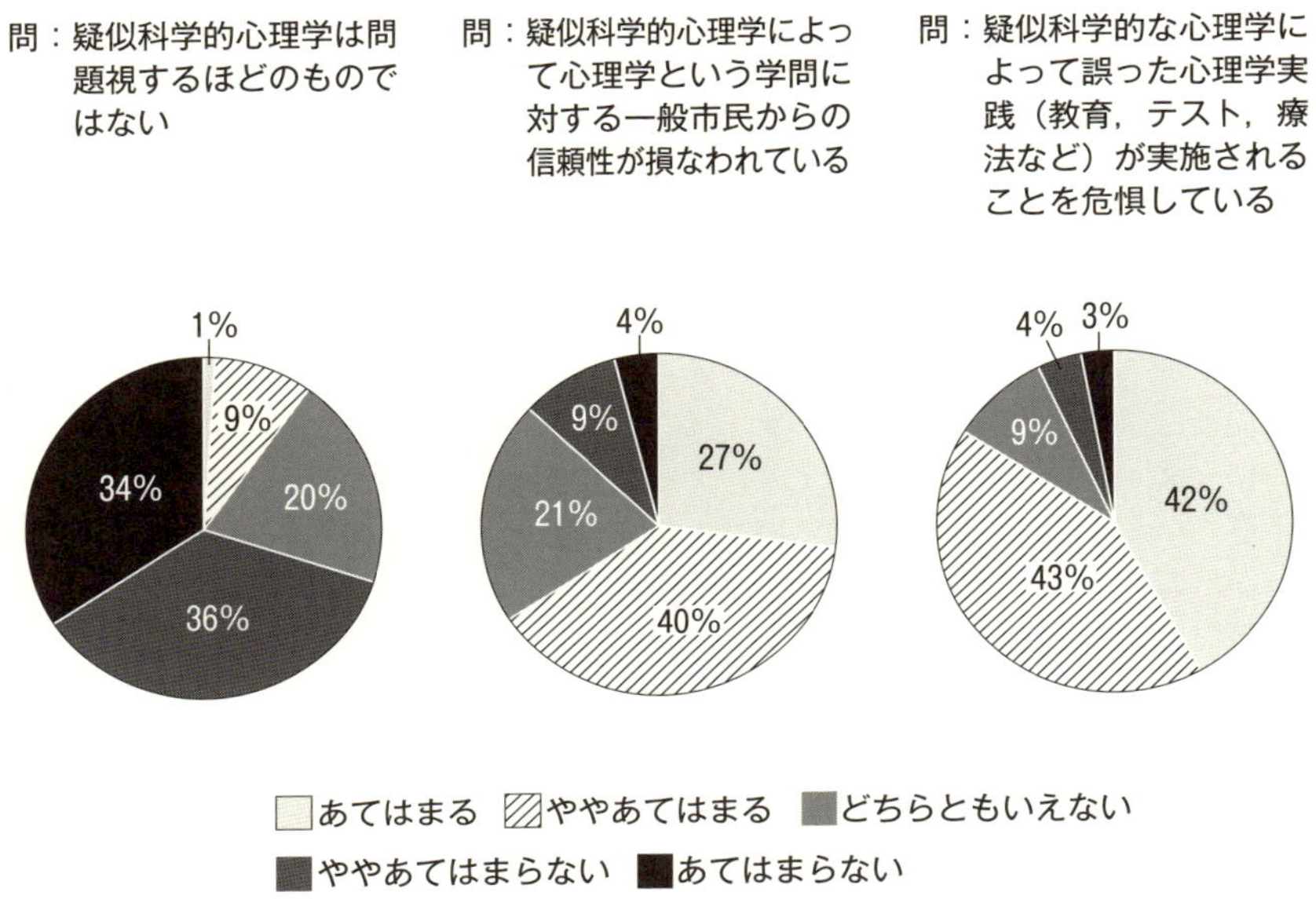

図 5-4　心理学専門家による疑似科学的心理学についての評価（434人）

本神経科学学会も、「脳を鍛える」とか「ゲーム脳」といった、疑似科学的な言説が流行していることに対して、二〇一〇年に声明を発表しました。[18] そこでは、「脳の働きについて、一般社会に不正確あるいは拡大解釈的な情報が広がり、科学的に認められない俗説を生じたり、或いは脳科学の信頼性に対する疑念を生じたりする危険性が増大している」として、「疑似脳科学あるいはいわゆる「神経神話」が生じないよう」に学会員が考慮するように求めています。

今回の日本心理学会会員対象のウェブ調査でも、「心理学会が現在行っていないが社会にとって重要となる活動」を評価する項目を設けています。そこでは、項目「学会として、社会に流れる不正確な心理学的な情報について、積極的に誤りを指摘したり注意喚起を行う」について、「重要である・どちらかというと重要である」という肯定的な回答は、合計すると八七％を占めました。これは、同様の質問項目「博物館・科学館で心理学の展示をする（七一％）」や、「心理学にかかわることがらについて、市民が気軽にアドバイスを受けられる相談会や窓口を設ける（五三％）」の重要性の認識を上回っています。また、学会の活動として実際に行われている「ホームページを作る（七九％）」「高校生向けの公開講座を行う（八七％）」「市民向けの公開講座を行う（八七％）」「災害が起きたときに、被災者や行政に対して支援を行う（八五％）」と、重要性の認識としてほぼ並んだものとなりました。

学会活動としての誤った情報の訂正は、第1章でも見たとおり、一般の市民の五七％からも重要であると評価されています。このように、市民と専門家の双方で重要性が認識されているにもかかわらず、研究の第一線で活躍している人たちは、そもそもこうした疑似科学や、誤った通俗的なニセ心理学を批判する行動や発言をすることに、あまり熱心ではない傾向があります。なぜなら、専門家は自分の専門の仕事に打ち込んでその成果を上げるのが本務であって、通俗的な言説を相手にしたり批判したりしても、それは自分の研究や業務にまったくメリットがないからです。ただでさえ、研究の時間も予算も少ないなかで底抜けに手間のかかる批判活動を手がけることは、気が進まないどころか、かえって本業の研究を阻害することになります。そんなことに力を注ぐ暇があれば自分の研究をしっかりしろ、というわけですね。そのため、社会的貢献や教育を重視する人や、それを研究テーマとする場合以外には、疑似科学を無視や黙殺するのがプロの研究者として〝正しい〟態度なのです。

一方で、疑似科学的な主張を行う人たちは、特定の商品を売り込んだり、特定のイデオロギーを浸透させたりするために熱心に活動を行います。インターネットの発達は情報発信力を飛躍的に向上させ、誰もが自分の考えを世に問い、場合によっては強い影響力を行使できるようになりました。多くの情報に触れられること自体は望ましいことです。しかし、その結果、科学的に正確性や信頼性を求められるものに対しても、適切な検証を欠いた情報が簡単に流布されるようになっています。こうした情報化社会における情報の非対称性が、私たちの身近に流れる科学情報に疑似科学が入り込む原因になり、ひいては直接間接の被害を生み出すことにつながるのです。

それでは、専門家ではないけれども、心理学に興味を持つ人、これから学んでみようという人、心理療法を選択しようとしている人たちは、情報が偏った状況のなかで、科学的な心理学とニセ心理学の情報をどのように見分けていけばよいでしょうか。

まず、その情報の発信が、本当の専門家によるものかどうかを確認する習慣をつけていきましょう。これがとても重要になるのは心理療法家の選択です。心理療法の専門家として、精神科医や臨床心理士といった資格はありますが、心理療法家やセラピストを名乗ること自体はじつは誰でもできるのです。あなたも明日からセラピストやカウンセラーと名刺に入れることができますし、それで依頼者があれば堂々と活動できるのです。二〇一五（平成二十七）年に公認心理師の国家資格化が法律で決まって改善の方向に向かう可能性がありますが、当面はこの状況は変わりません。であれば、心理学にかかわるサービスを受ける消費者の側も、しっかり注意を払って、起こりうる問題を回避する心がけをしなければならないでしょう。

たとえば、その療法家がきちんとした医療機関や大学院で専門的な訓練を受けているか、ある程度の質を保証する資格を有しているかどうかは、最低限確認しましょう。ここで悩ましいのは、人生の悩みを解決するという営みは、ひょっとすると身近な人や宗教家への相談、場合によっては占い師のほうが、結果的にはより現実的に優れた解決をもたらすかもしれないことです。その点では、まさに消費者の選択という意味があるのですが、少なくとも科学的根拠のある心理療法のつもりで、そうではないものを選択する危険に注意しておきましょう。とくに心の問題が、個人の内的な悩みにとどまらず、専門の医療にゆだねる必要があったり、行政や司法といったさまざまな組織と連携して解決しなければならないことは多々あります。そうしたときに、訓練を受けていない自称心理療法家は無力であることが多いことも、覚えておいてください。

また、心理療法に限らず、社会に流れる通俗的な心理学の言説についても、その中身はもちろんのこと、それを発信しているのが誰なのか、どのような文脈で発信されているのか、などに注意しておかなければなりません。一般週刊誌に登場して心理学を説明するかたのなかには、心理学の専門の訓練を受けておらず、心理学の論文を書いたり学会で発表や活動をしたりしていないライターのかたが見受けられます。そうした場合でも、きちんとした研究成果を適切に引用しながらわかりやすく解説してくれるライターもいるので、心理学の適切な理解のためにありがたいのですが、なかにはまったく根拠のないことを発信している人も見られます。

こうした状況を考えれば、私たちは、その情報が大学や学会、公共機関の本当の専門家から提供されている、科学的な裏づけのある情報であるかどうかに注意を払わなければなりません。とくにネット上での心理学や医療系の情報提供者のなかには、特定の商品やサービスの販売に誘導する営利目的の場合もあります。こうした発信者からの情報は、かなりバイアスがかかっている（歪んでいる）ことも考慮すべきです。

また、少なくともネット上の情報活用には、複数の異なる情報源からのものを比較する態度も忘れないでください。心理学系の情報には疑似科学が紛れ込んでいることが多くあることを考慮すれば、知りたい用語や概念の検索をかけるときに、「疑似科学」や「ニセ科学」といった用語を検索語に追加して、一度はチェックしてみることをお勧めします。また、大学の研究者を中心に運用されている「疑似科学とされるものの科学性評定サイト」にも、参考になる情報が蓄積されています[19]。

このように、マスコミ情報やネット情報を批判的にとらえて精査評価する「クリティカルシンキング」の態度やスキルは、心理学や医療の情報に限ったことではなく、この社会を生きていくうえでの広い意味での市民リテラシーを形作るものです。心理学と疑似科学を素材として、しっかりと考えることは、そのためのわかりやすいトレーニングになると思います。

【引用文献】

(1) 村井潤一郎・柏木惠子（2008）『ウォームアップ心理統計』東京大学出版会
(2) 佐藤誠子（2017）「大学生のもつ心理学の素朴概念とその修正について――授業における能動的学習の観点から」『石巻専修大学研究紀要』二八号、一〇七‐一一一頁
(3) 大橋 恵・岩崎智史・皆川 順（2012）「心理学に対するイメージ（2）――一般市民対象のオンライン調査より」『東京未来大学研究紀要』五号、一一‐二〇頁
(4) 松井三枝（2000）「はじめて学ぶ「心理学」に対するイメージの変化」『研究紀要：富山医科薬科大学一般教育』二三号、六三‐六八頁
(5) 菊池 聡（2017）「中学高校生の疑似科学信奉と科学への態度の関連性」『信州大学人文科学論集』四号、一一‐二四頁
(6) 日本心理学会会員ウェブ調査結果集計（https://www.psych.or.jp/info/pdf/201503-07_result.pdf）
(7) 保田直美（2003）「臨床心理学における科学性規準の変遷」『教育社会学研究』七二号、一三一‐一四九頁
(8) 村上宣寛（2009）『心理学で何がわかるか』筑摩書房
(9) 伊勢田哲治（2003）『疑似科学と科学の哲学』名古屋大学出版会
(10) 和田秀樹（2012）『心と向き合う臨床心理学――朝日おとなの学びなおし 心理学』朝日新聞出版
(11) Perterson, C. (2006) *A primer in Positive Psychology*. Oxford University Press.（宇野カオリ訳〈2012〉『ポジティブ心理学入門――「よい生き方」を科学的に考える方法』春秋社）
(12) Stanovich, K. E. (2013) *How to think straight about psychology* 10th.ed. Pearson Education.（金坂弥起監訳〈2016〉『心理学をまじめに考える方法――真実を見抜く批判的思考』誠信書房）
(13) 戸田山和久（2011）『科学的思考のレッスン――学校で教えてくれないサイエンス』NHK出版
(14) 鈴木光太郎（2015）『オオカミ少女はいなかった――スキャンダラスな心理学』筑摩書房
(15) 邑本俊亮・池田まさみ（2017）「見抜く心とクリティカルシンキング」日本心理学会監修、邑本俊亮・池田まさみ編『心理学の神話をめぐって――信じる心と見抜く心』誠信書房、一二三‐一五〇頁
(16) 山岡重行（2011）「テレビ番組が増幅させる血液型差別」『心理学ワールド』五二巻、五‐八頁
(17) 菊池 聡（2012）『なぜ疑似科学を信じるのか――思い込みが生みだすニセの科学』化学同人
(18) 日本神経科学学会（2010）「「ヒト脳機能の非侵襲的研究」の倫理問題等に関する指針改定にあたっての声明」（https://www.jnss.org/japanese/info/secretariat/100115.html）

(19) 明治大学コミュニケーション研究所「疑似科学とされるものの科学性評定サイト」(http://www.sciencecomlabo.jp)

【推薦図書】

スタノヴィッチ、K・E著／金坂弥起監訳（2016）『心理学をまじめに考える方法——真実を見抜く批判的思考』誠信書房

心理学とはどのような学問なのか、私たちが錯覚や誤りに陥りやすいポイントを十分に解説したうえで、その科学的な要件や研究手法について、深く丁寧に説明されています。通俗心理学とは異なるアカデミックな心理学の考え方を知るうえでの最適な書であるとともに、クリティカルシンキング（批判的思考）を身に付けるためにもぜひ読んでおきたい一冊です。

第6章

心理学は他の学問分野から引く手あまた
——学問の垣根を越えて

【三浦麻子】

1 はじめに

本章では、心理学が他の学問分野とどのような関係を結び、どのように互いを高め合っているかについて紹介します。本章を通して皆さんに知っていただきたいことは、心理学はいわゆる〝文系・理系〟を問わず、非常に広い学問分野と相性が良い学問なのだということです。心理学を学ぶことは、単にある特定の学問について知識を深めるというだけではなく、他のさまざまな学問分野への関心も呼び覚ましてくれます。それはつまり、私たち人間とは何だろうか、という根源的な問いにつながるものです。

2　心理学と協働するということ

A　心理学はなぜ「引く手あまた」なのか

なぜ心理学が広い学問分野と相性が良いのかは、心理学がどのような学問なのかを知ればすぐわかります。手っ取り早いところで、『広辞苑（第六版）』（岩波書店）で「心理学」の定義を見てみましょう。「生物体の心の働き、もしくは行動を研究する学問。精神または精神現象についての学問として始まり、十九世紀以後、物理学・生理学等の成果を基礎として実験的方法を取り入れ、実証的科学として確立した」とあります。広辞苑に限らず多くの辞典でも、表現や詳しさにいくらかの相違はあるものの、現代の心理学は、「心の働き（意識）や行動」を研究対象とする「実証科学」であるという点は、すべての定義に共通しています。より平易な言葉で端的に表現すれば、人間の心の仕組みを解き明かす科学だ、といえるでしょう。

となれば、何らかのかたちで人間がかかわる学問であれば、心理学と関心を共有する部分があることになります。たとえば、人間そのものを研究対象とする分野である医学や生物学、人間による社会的活動に関する分野である経済学や政治学、人間の生活を支える技術やシステムに関する分野である工学、あるいは、人間の心とは何かを思索的に探究する分野である哲学、などです。このように例を挙げていくと、「では、人間を対象としていない他の学問分野とは相性が悪いのか」と早合点する人がよくいるのですが、そうではありません。もちろん、そもそも学問分野の間にはどこにも垣根などありませんが、とくに心理学は、その手がかりを見つけやすい学問だと言いたいのです。

ではここからは、こうした相性の良い他の分野の研究のうち、心理学と他の学問分野が協働して顕著な成果を上げた例について、日本で行われた取り組みを中心として人文学系、社会科学系、医学系、理工学系の四つの観点から具体的に見ていきましょう。

B 「学問の垣根を越えた」研究例1——人文学系分野との協働

心理学の源流をたどると哲学に行き着くことを、皆さんはご存じですか。心理学は英語でpsychology（サイコロジー）といいます。この言葉が登場したのは十六世紀初め頃からだといわれていますが、その起源は古代ギリシャにさかのぼることができます。ギリシャ語のpsyche（プシュケー）とlogos（ロゴス）が組み合わさってできた言葉がpsychologyなのです。プシュケーは元来「息（呼吸）」を意味していたのが、転じて生命、心、魂を意味するようになった言葉で、ロゴスは論理や理性、あるいは概念や意味といった、多義的なニュアンスを持つ言葉です。プシュケーには、古代ギリシャ哲学の代表的な哲学者たちが言及していますが、特にアリストテレスは、生命を持つ有機体の現実性としてプシュケーをとらえ、身体と不可分の機能として、あらゆる生物の起動因として位置づけました。こうした考え方は、現代の心理学の基本的な視座と共通しています。

また、近代哲学も心理学に大きな影響を与えました。たとえば十八世紀のイギリスの哲学者ヒュームは、経験主義に基づいて心的現象の世界に科学的な法則性を見出すことによって、すべての学問の基盤としての人間本性（人性）を明らかにすることを試みました。経験主義とは、世界のあらゆる事象を認識するための観念や論理は、目や耳などの感覚器官によって事物を知覚する「経験」によってのみ、得られるとする考え方です。現代の心理学もこの経験主義に依拠しています。十九世紀半ば以前までの心に関する学問は哲学の範疇にあり、まだ心理学は独立した個別の学問分野として存在していなかったのです。先の「心理学」の定義の前半部

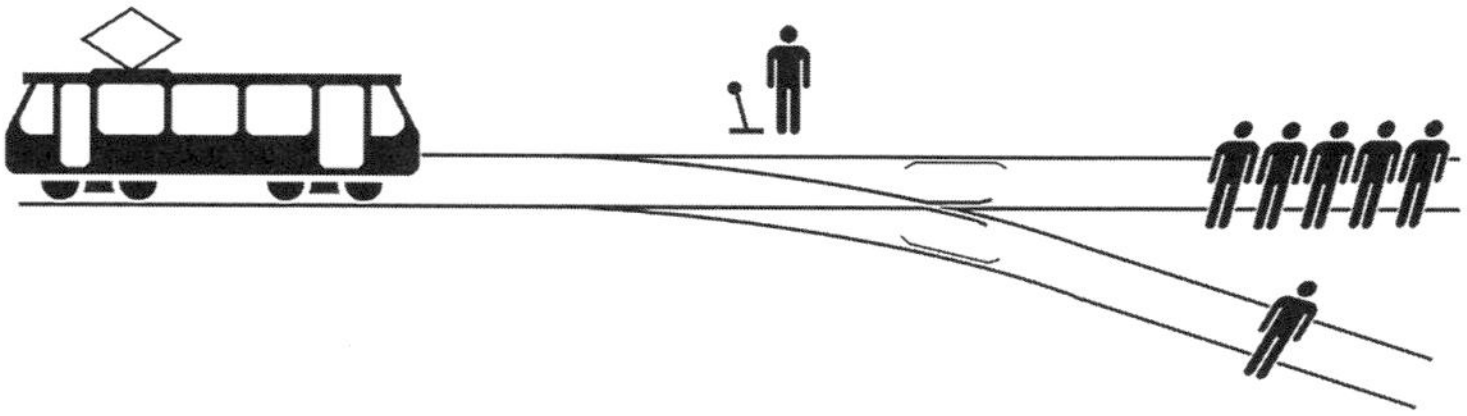

図6-1　トロリー問題

分（psyche）がこれにあたります。

哲学者が、こうした心の問題にどういうスタイルでアプローチしてきたかというと、「思考実験」という頭のなかで想像するだけの実験でした。思考実験の題材として有名なものに、「トロリー問題」があります（日本では「トロッコ問題」と言われることもあります）。線路を走るトロリーの制御が不能になり、そのままま っすぐ突っ込むと前方にいる五人の作業員をひき殺してしまいますが、ポイントを切り替えれば進路を変えることができます。しかしそこには作業員が一人いて、進路変更により五人は助かりますが、その一人は確実に殺してしまいます。「ある人を助けるために他の人を犠牲にするのは許されるか」という道徳的ジレンマにどう対処するかを問う課題です（**図6-1**）。こうした問題に対して、心理学であれば、人々にこうした場面を描写したシナリオを読ませて、自分がトロリーの進路を切り替えられる立場にいることを想像させたうえでどちらを選択するかを判断させ、そのデータに基づいて人間の考え方の特徴を明らかにしようとします。実際、そういう研究は多数あるのですが、思考実験ではこうした測定は行われません。ある状況で理論から導かれるはずの現象を、哲学者による思考のみによって結論を導き出すのです。

しかし、こうした哲学者による思考が誰にとっても直観的に自明なものなのか、また、それはどんな状況でも安定したものなのか、さらには判断のメカニズムはどのようなものか、といった問題意識が、哲学者の中からもわき上がってきました。こうした問題に取り組む分野が実験哲学です。実験哲学では、哲学者に限らず人々がどのような判断を思考実験に対して下すのか、そしてそれが示す変化のパターンを、心理学的な実験手法によって体系的に明らかにしようとしています。哲学から分岐し、人間を対象とした実験の方法論を磨いてきた心理学者は、当然そこに大きな寄与ができるはずです。たとえば、渡辺らの論考(1)では、社会心理学者と哲学者が協働し、自由意志信念、すなわち人間の行動は行動主体が意志によって選択した結果であるという考え方にまつわる問題を、哲学と心理学の両面から丁寧に検討し、それらを統合的に理解するモデルを提案しています。

心理学的手法を活用した実験哲学によって明らかにされる事実が、既存の哲学理論や哲学方法論一般に対してどれくらい挑戦的な意味合いを持つのか、大きな関心が寄せられています。また一方では、心理学者がうまく扱いきれなかった、自由意志や道徳といった心についての哲学的なテーマについてアプローチするための手がかりが、哲学者の緻密な論理構築から得られることが期待されています。

C 「学問の垣根を越えた」研究例2――社会科学系分野との協働

経済学も政治学も人の営みにかかわる学問であり、経済を動かすのも政治を担うのも、そしてそれらに動かされるのも人ですから、心理学との関係が深いのは当然です。しかし、経済学や政治学では、心理学と比べると、理論を確立し洗練させることに重きが置かれ、悪い言い方をすればそれに偏重するあまり、理論そのものの妥当性が実証されることはあまりなかったのです。もちろん、その理論は人間観察の成果に立脚していたはずなのですが、だんだんそれが一人歩きするうちに、学問のなかで仮定される人間モデルがそれはそれで確立してしまい、実際の人間との乖離が目立つようになってきました。

古典的な経済学では、人間を「経済合理性に基づいて自己の利益を最大限に考え、そのために常に合理的な判断で一貫した行動を、将来にわたってもぶれることなく行う」ものとして考えていました。こうした人間モデルのことを、人間（現生人類）の学名であるホモ・サピエンスをもじって「ホモ・エコノミクス」といいます。人間が深くかかわる出来事を対象とする社会科学には、不確定要素が大きく、確固たる法則性を見出すためには、自然科学の研究では生じないような困難がつきまといます。典型的な人間モデルとしてホモ・エコノミクスを設定したのは、こうした不確定要素を一つでも減らすための便法だったのでしょう。実際、ホモ・エコノミクスというモデルの設定により、経済学は一定の成功を収めたのですが、皆さんも日頃の経験からおわかりのとおり、実際の人間の行動はそれほど経済合理的ではありません。しばしば損得を度外視した行動をとったり、自分個人の利益よりも集団・社会の利益を重視したり、他者を尊重するために自分を捨てて利他的行動を選択することもあるのです。

そこで注目されたのが、より現実的な人間行動を説明する、意思決定に関する心理学の理論でした。最も有名なのが、カーネマンとトヴァスキーによる「プロスペクト理論」です。心理学では、人間の行動は必ずしも合理的ではなく、合理性から見てさまざまな歪みやずれを伴うことが指摘・実証されているのですが、こうした歪みやずれを総称して「認知バイアス」といいます。プロスペクト理論には、「確率に対する人の反応は線形ではない」「人は富そのものではなく、富の変化量から効用を得る」という二つの認知バイアスが取り入れられています。前者は、人間は客観的確率が低い状態ではそれを過大評価し、高い状態ではそれを過小評価する傾向のことを指しています。前者は「宝くじを一枚でも買うと一等が当たるような気がする一方で、交通事故に遭う確率はそう低くないのに、道を歩くときにそんなことはあまり考えない」といったバイアスで、後者は「年収が三〇〇万円から五〇〇万円になるとうれしいが、七〇〇万円から五〇〇万円になるとがっかりする（金額は同じ五〇〇万円でも同じ満足が得られるわけではない）」といったバイアスです。

このように、ホモ・エコノミクスを前提として研究をスタートさせるのではなく、実際の人間を対象とした実験を通じて、経済行動における人間の意思決定プロセス、その結果について明らかにする経済学を、「行動経済学」といいます。心理学者カーネマンが二〇〇二年にノーベル経済学賞を受賞したことからも、心理学の理論が経済学に与えた影響の大きさが理解できるでしょう。

同じような流れが政治学にも見られます。「実験政治学」とか「ポリティカル・サイエンス」と呼ばれる領域がそうで、この領域の論文を読むと、たとえば選挙の立候補者の容姿や経歴など、プロフィールを実験的に操作して、有権者がどのような投票行動をとるかを測定するような、心理学で行われるような要因操作に基づく実験によりデータを収集し、分析するような研究が行われていることがわかります。

行動経済学や実験政治学は、社会心理学や認知心理学といった心理学の領域と、とても距離の近い学問分野です。経済学や政治学の理論を実証するために心理学的な手法をとるのと、心理学の研究対象として経済行動や政治的行動にフォーカスするのは、視点こそ違え着手することは同じですから、対象を複眼的に眺めることができるという意味で、協働には大きな成果が期待できるでしょう。

D 「学問の垣根を越えた」研究例3——医学系分野との協働

医学系分野と心理学の協働として真っ先に思い浮かぶのは、深刻な心の悩みを持っていたり精神疾患を抱えていたりする人々に対するカウンセリングや心理療法の実践のような、臨床心理学者たちの仕事でしょう。古くは二十世紀初頭に創始されたフロイトの精神分析や、ユングの分析心理学があり、近年では発達障害患者の問題行動改善のために用いられる応用行動分析や、うつ病や不安障害などの精神疾患の治療に活用されている認知行動療法などは、薬を使う治療と並んで重要な治療法の一つとなっています。応用行動分析は、アメリカの心理学者スキナーが創始した行動分析学を、臨床・教育・福祉など人間社会におけるさまざまな問題解決に適用する実践的な領域で、学習心理学と関連が深いです。認知行動療法は、ある出来事をどのように考えるかという認知と、それに対して起こす行動という、本人が意識してある程度コントロールできる部分に働きかけ、それを変化させることによって症状の改善を試みる治療法です。軽度のうつばかりではなく、重度のうつ病の場合も同程度に効果を持つという知見もあり[2]、心理学の知見は着実に医療に活かされています。

公認心理師という心理職の国家資格が誕生し、二〇一八年に第一回の国家試験が実施されます。公認心理師の活躍が期待されている現場の一つが医療です。看護師や臨床検査技師、理学療法士などと同じく、国家資格を持って医師と共に医療にかかわる立場となるわけですから、より一層充実した協働が実現されることでしょう。

もう一つ、少し視点を変えて、「老年学」（ジェロントロジー）という学問分野を紹介しましょう。老年学は、医学を中心とした、老いと高齢社会の実際的問題の解決を課題とする学際的な研究領域です。老いには、身体機能の低下から病弱になったり、働き口を失い貧困に陥ったり、家族や友人を亡くして孤独を招いてしまったりといった、ネガティブな特徴があります。これらは「老人三悪」「老人問題」ともいわれたのですが、総人口に占める高齢者人口が著しく増大した超高齢化社会に至り、こうした問題の解決は重要な社会的課題となっています。

ここで大きな貢献が期待されているのが、「高齢者心理学」という領域です。高齢者心理学は、発達心理学、とくに生涯発達心理学と呼ばれる心理学の領域で研究されてきましたが、老化によって引き起こされるネガティブな心理状態の研究はもちろんのこと、ネガティブな心理状態を克服した後のポジティブな心理状態、たとえば幸福感やウェルビーイング（個人の権利や自己実現が保障され、身体的、精神的、社会的に良好な状態）とはどのようなものなのか、それにはどうすれば到達できるのかについても研究されてきました。高齢者をネガティブでなくすればよいのではなく、よりプラスの方向にするための働きかけが必要とされているのです。

さらに重要なのは、高齢者の幸福感やウェルビーイングの向上に注力するばかりでは、本質的な問題の解決にはならないということです。若者や働き盛り世代など、高齢者をサポートする人々の幸福感やウェルビーイングも考慮する必要があります。彼らにとって高齢者が「ただのお荷物」になってしまっては、社会全体が機能不全に陥ってしまいかねません。それぞれがそれぞれの長所を活かして欠点をサポートするような、支え合う関係を築くことが重要で、こうした世代間交流の場をつくる際にも心理学は活躍します。たとえば、「おばあちゃんの知恵袋」という表現がありますが、高齢者世代が経験してきた道程をこれから歩もうとしている若い世代に対して、世代を越えて利用できるだろう知恵についても、繰り返すべきでない過ちについても語り継いでいくことは、高齢者にとっては自らの経験が活かせるというメリットがあり、若い世代にとっては自分とは異なる視点からのアドバイスを得られるというメリットがあります。前者の典型例が子育て支援における高齢者の活用であり、後者の典型例が戦争の語り部による平和教育です。田渕らによる一連の研究[3]では、実験室実験と現場への介入という二つの心理学の研究手法を組み合わせて、異世代間のコミュニケーションが、両方の世代にメリットをもたらすことができるような場の作り方が検討されています。世代間交流を通じて高齢者が社会参加することにより、介護や年金などによって若い世代が高齢者世代を一方的に支えるだけではない、別のかたちでの社会的サポートの仕組みが成り立つことが期待されます。

高齢者心理学の研究対象となる人間が老いた状態としての老年や、それに至る過程としての老化を理解するためには、心理学的方法だけでは不十分です。心理的な老化プロセスは、身体的な老化プロセスと切り離して考えることはできないからです。老年学は、心理学や医学をはじめとする諸分野が、老年と老化という共通するテーマに対して、それぞれの方法を用いて得られた研究知見を共有することによって、それらを多面的に理解することを目指す学際的研究の場なのです。

E　「学問の垣根を越えた」研究例4——理工学系分野との協働

最後に、理工学分野と心理学の協働について見てみましょう。まず、心理学が最も活発に協働している分野として神経科学があります。神経科学は、神経の構造や働きを研究対象とする学問分野です。とくに脳神経に注目するものを脳科学と称することもあります。視覚認知、聴覚認知などの感覚入力の処理、高次認知機能と呼ばれる記憶・学習・思考・言語・問題解決、あるいは情動などと神経回路の活動との関連が次々と研究され、人間行動の背景メカニズムの神経活動レベルでの解明が進んでいます。

こうした研究の飛躍的な発展は、磁気共鳴機能画像法（fMRI）（**図6-2**）、ポジトロン断層法（PET）、近赤外線分光法（NIRS）などのニューロイメージング、電気生理学、経頭蓋磁気刺激法（TMS）など、これまではブラックボックスに近かった神経活動を詳細に記述可能にする、強力な研究手段が発達してきたことによるものです。心理学がこれまで主たる研究対象としてきた人間の認知や感情などのより抽象的な機能が、どのような神経回路によって担われているかについての研究ができるようになり、従来は科学的に還元不可能とさえいわれていた多くの複雑な心理的プロセスと、その基盤となる神経活動の結びつきが解明されつつあります。また、社会・文化といった人間の作り上げた環境と遺伝子が、共進

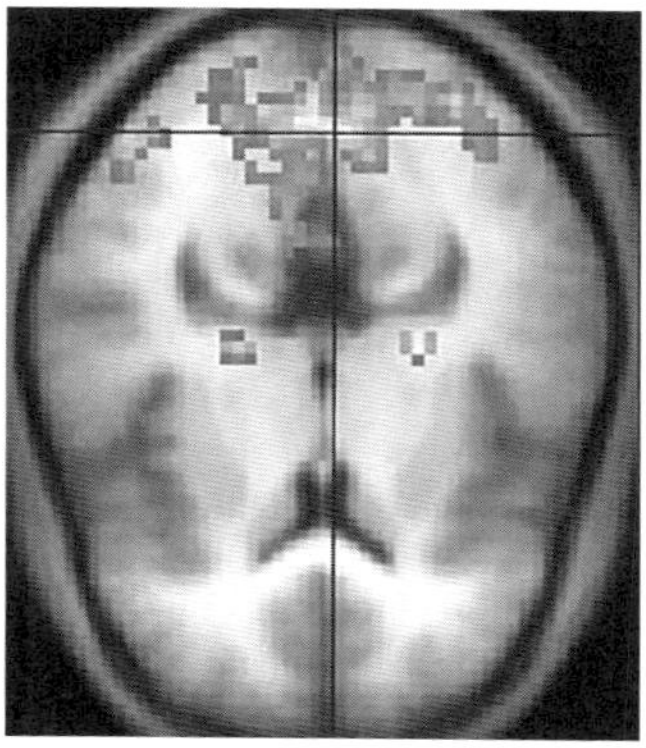

注：これは移動する際の視覚刺激を見ている際の脳活動を安静時のものと比較したもので，活動量の大きな部位が明らかになる。

図6-2　fMRI計測によって得られる画像

化（互いに影響を与え合いながら進化すること）してきた可能性にも注目が集まっており、神経伝達物質に関連した遺伝子の型に着目する、心理学研究と遺伝子解析を組み合わせた研究[4]も進んでいます。これらのことは、さまざまな人間の心の仕組みを、ボトムアップ的に再構成できる可能性につながるでしょう。

また、動物学との協働も、心理学に豊かな恵みをもたらしてくれています。その典型例が「比較認知科学」です。比較認知科学は、人間の心について、その機能がどのように発生し進化してきたのかを、人間とその他の生物の認知機構の比較を通じて解明しようとする研究領域です。人間の心を理解するために、その進化的起源を明らかにすることを試みているわけです。長い間、人間は動物界において特別な存在だと考えられてきました。しかし、人間以外の動物の研究が進むにつれて、人間にしかない特徴だと考えられてきたもの、たとえば道具を作ったり、言葉を使用したりといった行動が、人間以外の動物にも存在することが実証されました。チンパンジーのほかにも、イヌ、イルカ、ラット、あるいはカラスなどの、霊長類以外のさまざまな動物を対象とした比較認知科学研究が進んでいますが、近年では、不公平感や思いやりといった複雑な感情の機能が見られることも明らかにされています。たとえば佐藤らの研究[5]では、ラットが仲間を助けようとする行動をとることを実験的に示しています（**図6-3**）。また、愛知県犬山市にある京都大学霊長類研究所では、チンパンジーの「アイ」や「アユム」たちを参加者とする心理学実験が、数多く行われてきました。七〇〇万年前に同じ祖先から分かれた人間とチンパンジーがどこまで共通の能力を持ち、どこで進化の道筋を分けたのかが、少しずつですが着実に解明されつつあります。こうした知見から、動物の行動メカニズムを解明することが、単にその動物に関するより詳細な理解を提供するのみならず、人間の心の理解にもつながることがわかります。

工学との協働では、防災研究について紹介します。ご存じのとおり、日本は地震や台風など自然災害の多い国で、二〇一一年に発生した東日本大震災では、地震による家屋倒壊や津波、火災による甚大な被害のみならず、福島第一原子力発電所で大量の放射能物質の放出を伴う原子力事故が発生して、とくに発電所の周辺地域

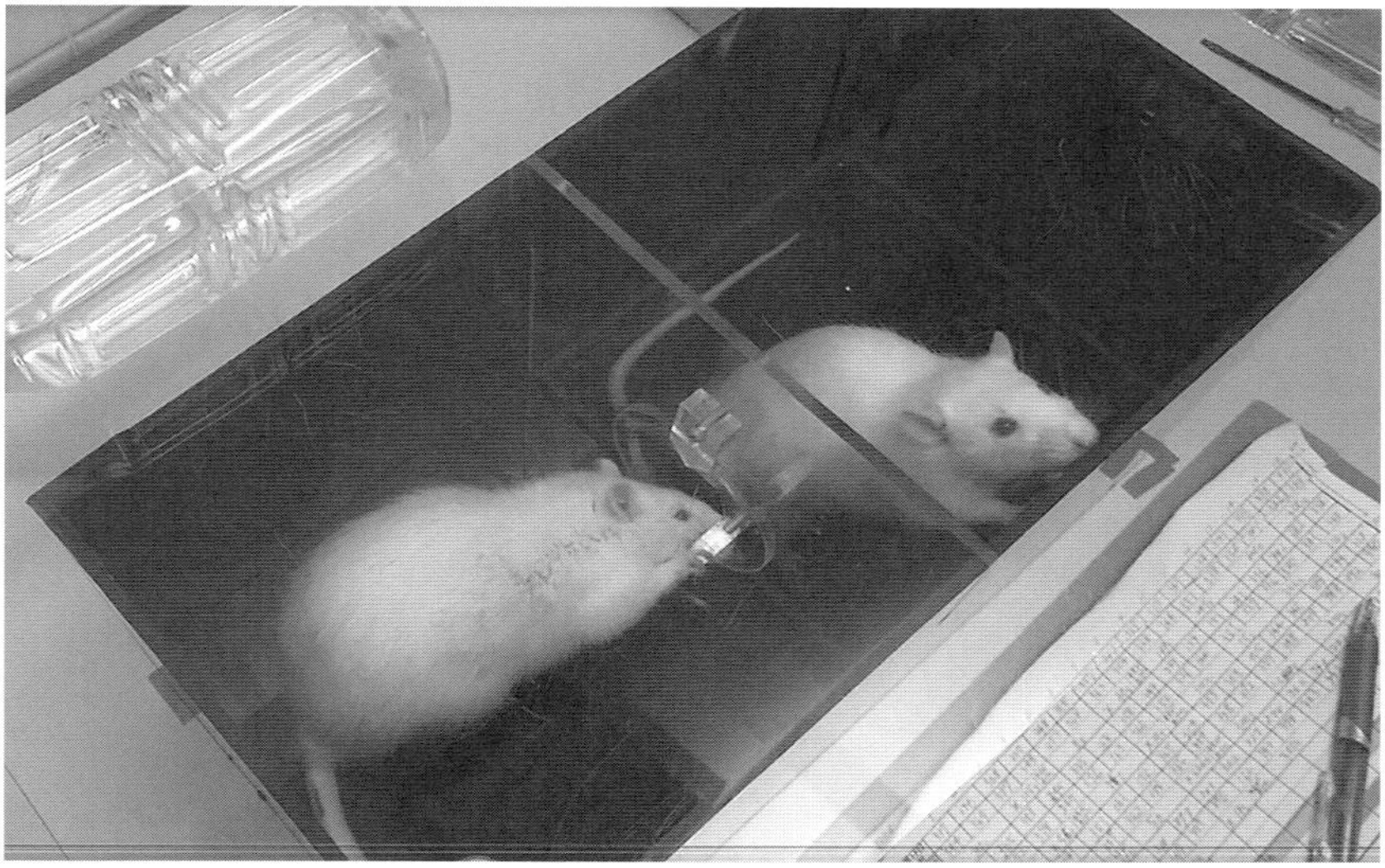

図 6-3　実験で溺れかける仲間を助けようとするラット（佐藤暢哉氏より提供[5]）

では長期にわたって被災状態が継続しています。さらに、南海トラフ地震など、大災害をもたらすだろう巨大地震が、近い将来に高い確率で発生するという予測もあります。起きてしまった災害に学び、これから起きるだろう災害による被害をなるべく小さなものにするために、防災研究の必要性はとても高いです。

　こうした研究を担うのは、災害の発生メカニズムや建物の耐震補強技術を研究する、理工系の研究者がほとんどなのですが、災害を経験するのは人間であり、最新技術の結晶であろう技術を利用するのも人間です。大きな災害が発生すると、避難命令が出ているのになかなか逃げようとしなかったり、あえて危険な地域に近づこうとする事例が見られることや、ソーシャルメディアで災害に関連したデマ情報が伝播し、騒動になった事例がよく報道されているのをご存じでしょう。災害のような緊急事態に際する人間の行動にはどのような特徴があるのか、避難行動や情報伝達のあり方を研究することは、防災研究に大きく寄与するのです。また、新たな避難施設の建設や、建物の耐震補強に際しては、その必要性をきちんと説明し、納得してもらう必要があります。そうしないと、せっかくの技術が活用されにくくなるからです。こうした説明手続きを「リスク・コミュニケーション」といい、社会心理学者が積極的に関わっています。(6) 作る側と利用する側が共に考え、信頼関係を確立することが、技術がよりよく活用されるための第一歩なのです。

日頃から災害に備える意識を持ち続けるためには、防災教育も必要です。たとえば、京都大学防災研究所や関西大学社会安全学部では、自然科学者や工学者と心理学者が協働して、こうした研究が活発に展開されています。防災研究に心理学が関わることは、より有用なシステムや施設・設備の開発に寄与するのはもちろんのこと、心理学研究にも寄与します。自然災害や社会災害などによって引き起こされる緊急事態は、普段は気がつかないような、私たちが生きる上での問題を浮き彫りにするという意味で、ごく普通の日常では得られない、まれな機会だからです。

＊ ＊ ＊

ここまでは、心理学と他の学問分野が協働して顕著な成果を上げた事例について、四つの視点から紹介してきました。こうした取り組みは、他の学問分野と心理学の両方の発展に大きく貢献する可能性があることがおわかりいただけたと思います。以降の節では、日本における心理学と他の学問分野との共同研究の状況を知るために、本稿執筆時点で心理学者がどのくらい他の学問分野との共同研究に携わっているのかと、他の学問分野の研究者たちがどの程度心理学のことを知り、またどのような研究テーマに注目しているのかを知るために、インターネット上で実施した研究者対象の二つの調査について紹介します。

3　心理学者への調査

A　目的

前節では、心理学は「人間」を対象とする学問なので、他の多くの学問分野との共同研究を活発に行える可能性があること、また、いくつかの成功事例について紹介しました。では、日本の心理学者のうち、どの程度が実際に他の学問分野との共同研究に携わっているでしょうか。その実態を知るために、心理学者を対象としたアンケート調査を実施しました。

B　方法

「日本の心理学者を対象としたアンケート調査をする」のは、じつはなかなか難しい話です。なぜなら、そもそも「心理学者」とはどういう人間を指すのかを定義することが、難しいからです（「日本の」を定義するのも同様に難しいのですが、ここでは議論しないことにします）。じつはこうした「対象をどう定義するか」は、この例に限らず心理学でとても重要であると同時に難しい問題のひとつなのですが、何らかの「定義」をしないと始まりません。そこでここでは「日本心理学会の会員」を日本の心理学者の代表として考え、アンケート調査を依頼する対象としました。日本で心理学を研究している人たちがすべて日本心理学会の会員になっているわけではありませんが、さまざまな領域の心理学者が比較的多く、まんべんなく集まっている組織だと見なす

表 6-1　共同研究に関する心理学者調査・質問項目

現在進めている共同研究についておうかがいします。
あなたは，現在，他の研究者と共同研究をしていますか（ただし学生・院生の研究指導は除きます）。

共同研究をしている　　　共同研究をしていない

共同研究を進めている方におうかがいします。共同研究が複数件数ある場合は，以下の問いはすべてを合わせて回答してください。

(5-1)　共同研究者の専門分野を，下記の分野から，あてはまるものをすべてチェックしてください（16分野〈表6-2参照〉と「その他」からいくつでも）。

(5-2)　共同研究者の所属についてあてはまるものをすべてチェックしてください（同じ大学，日本国内の他の大学・研究機関，海外の大学・研究機関，幼少中高校，民間企業，行政〈国県市町村など〉，NPO・市民団体，その他，からいくつでも）。

ことはできるでしょう。

調査を実施したのは二〇一五年三月から七月までの約四カ月間で、アンケート内容は、日本心理学会のウェブサイトに掲載して、会員には電子メールで協力を依頼しました。本書の第5章で結果を紹介した質問項目に加えて、**表6-1**のような項目を用意しました。まず、現在共同研究をしているかどうかをたずね、している場合はどういう専門分野の研究者と共同しているか、そしてその方がどのような機関に所属しているかについてもたずねました。いろいろな分野の研究者たちがチームを組んでいたり、一人の研究者が複数の共同研究プロジェクトに携わっていたりすることもあるので、その場合はそれらすべてについて、当てはまるものを回答するように求めています。

C　結果と考察

協力者の総数は四三四名（調査当時の日本心理学会会員の五％）で、性別の内訳は男性が六二％、女性が三八％。平均年齢は四十一・七歳（標準偏差は十二・三歳）でした。常勤職の方が六八％を占めています。そして、協力者のうち「共同研究をしている」と回答した方は六二％でした。共同研究者が専門としている学問分野・領域と所属については、**表6-2**のような割合になりました。

では、結果を見てみましょう。自分と同じ、あるいは異なる領域の、いずれにせよ心理学分野を挙げた方が多く、それらと比べると他の学問分野と共同研究をしているケースは少ないようです。とはいえ、「共同研究をしている」心理学者のうち、心理学以外の研究分野を一つでも挙げた協力者は六四％いました。協力者全体で見ると四〇％です。さらに、選択肢として幅広い学問分野を挙げましたが、一人も選択しなかった学問分野はありませんでした。1節で紹介した四つの視点でいえば、医学系との共同研究が多く、続いて理工学系、人文系や社会科学系はそれらと比べると少ないようです。また、共同研究者の所属については、同じ大学を含めて日本国内の大学・研究機関の場合が多く、国際的な共同研究や、行政機関や民間企業、各種団体といった、研究を本業としない組織はごく少数でした。

このアンケート調査は、シンプルに共同研究経験の有無とそのパートナーに関する情報を問うのみで、そこでどのような協働が展開されているのかを、詳しく知ることができるものではありません。時にそれは、「心理学研究」という顔をしていないかもしれませんが、他の学問分野の研究にも、1節で述べたような心理学との協働が展開されているかもしれない、あるいは、それが可能かもしれないという注目の仕方をしてみると、面白いのではないでしょうか。

表 6-2　共同研究者の学問分野・領域と所属（「共同研究をしている」と回答した心理学者中の比率〈%〉）（434人）

研究分野・領域	%	所　属	%
自分と同じ領域の心理学分野	76	日本国内の他の大学・研究機関	80
自分と異なる領域の心理学分野	48	同じ大学	54
医学・歯学・薬学分野（脳神経科学を含む）	31	海外の大学・研究機関	17
教育学分野（教育工学，科学教育などを含む）	20	民間企業	12
保健・福祉分野	19	行政（国県市町村など）	10
情報・電気・機械などの建築以外の工学分野	14	NPO・市民団体	7
人文学分野（哲学，歴史，文学，言語など）	8	幼小中高校	5
社会学・政治学分野	7	その他（医療機関，高専，地域支援機関など）	5
理学分野（生物学，統計学を含む）	7		
司法・犯罪分野	5		
経済，経営，ビジネス分野	5		
芸術分野	4		
農学分野	3		
環境学分野	3		
その他（体育学，スポーツ科学，政策・国際協力，保育，実務家，宇宙科学，など）	3		
建築分野（建築，土木，都市計画など）	2		
家政分野	2		

4 他の学問分野の研究者調査

A 目的

前節では、心理学者を対象としたアンケート調査の結果に基づいて、少なからぬ日本の心理学者が、幅広い他の学問分野との共同研究に携わっていることを紹介しました。では、他の学問分野において、心理学はどのように活かされているのでしょうか。また、どのような貢献を求められているのでしょうか。その実態を知るために、他の学問分野の研究者を対象としたアンケート調査を実施しました。

B 方法

心理学者を対象としたアンケート調査と同じく、「他の学問分野の研究者」に調査を依頼するのもなかなか難しい話です。そこで、今回は次のような方法で調査依頼対象を選定しました。心理学者調査が日本心理学会の会員を対象としたように、こちらでも調査依頼は学会に協力を依頼しました。まず、日本心理学会が連絡先を把握している学会のリスト（一六一学会）を作成し、そこから心理学系の七十四学会（日本心理学諸学会連合に加盟している学会、およびそれ以外で会員に心理学者が比較的多いと推測される学会）を除外しました。そして、八十七学会の各学会事務局などの連絡窓口に、電子メールあるいは郵便で依頼状を送付し、調査主旨を説明したうえでアンケート調査の会員への広報協力を依頼しました。協力の諾否や方法は各学会にお任せした

表 6-3　他の学問分野の研究者調査で示した心理学の主要10領域

■ **認知心理学**

人間の心の働き，たとえば知覚や記憶，理解と学習，問題解決などについて，主に実験を通して解明しようとする心理学分野。

■ **学習心理学**

人間を含む動物における，経験によって生じる比較的永続的な行動の変化の過程を研究する心理学分野。

■ **生理心理学**

脳波，脳画像，脈波などを測定する生理学的な方法を用いて，人間の生理学的な活動と心理学的な現象との関連を解明しようとする心理学分野。

■ **比較心理学**

ラットやチンパンジーから人間に至るまでの種々の生物の行動を，その相違と類似，または近縁性の観点から比較研究する心理学分野。

■ **教育心理学**

教育過程の諸現象を心理学的に解明し，教育を効果的に行うための方法を見つけ出すことを目的とする心理学分野。

■ **発達心理学**

人間の生涯を通じた心身の成長や発達過程を，心理学の理論を背景として研究する心理学分野。

■ **臨床心理学**

心理的な問題の解決や適応のため，助言・相談や診断・治療，およびその研究を行う心理学分野。

■ **人格心理学**

人格（性格，パーソナリティ）の構造・機能・特性・評価などに関する研究を行う心理学分野。

■ **社会心理学**

社会的環境のなかで，個人や集団がどのような条件のもとで，どのような行動を示すかについて研究する心理学分野。

■ **産業心理学**

産業活動に従事する人間の心理を対象とし，組織や人事，適性や作業能率，市場調査，広告などを研究する心理学分野。

表6-4　学問としての心理学に関する考え（数値は回答比率〈%〉，717人）

	あてはまる	ややあてはまる	どちらともいえない	ややあてはまらない	あてはまらない
心理学という学問は科学であると思う	44.9	30.5	13.7	6.7	4.2
心理学においては，再現性には必ずしもこだわらなくてもよい（逆転項目）	7.7	14.5	20.1	24.1	33.6
心理学の研究や取り組みは，科学的方法論にのっとったものである	32.2	35.3	21.5	8.0	3.1
心理学の進歩は，人々の生活を向上させる	42.7	38.2	13.3	2.8	3.1

ので、統一が取れているわけではありません。

調査を実施したのは二〇一六年八月から九月までの約二カ月間で、アンケート内容はウェブページ上に掲載しました。用意した項目は次のとおりです。まず、心理学者と共同研究をした経験があるかどうかをたずねました。そして、心理学分野の十の主な研究領域を挙げて、それぞれの概要を示しました（**表6-3**参照）。そして、それぞれについて、以下の三項目をたずねました。

（1）既知度と理解度（その領域が存在することを知っているか、知っているなら内容を理解しているか）

（2）学術的重要性の評価（学術的な価値があるか、わかると学術的に興味深いか）

（3）社会的必要性の評価（国が研究費を出して研究する価値があるか、社会貢献度が高いか）

加えて、学問としての心理学に関する考えを**表6-4**の四項目でたずねました。

表 6-5　協力者の専門分野（数値は回答比率〈%〉，717人）

言語・文学	4.7	歯学	0.1
哲学	0.6	環境学	1.1
心理学・教育学	3.5	数理科学	2.4
社会学	0.6	物理学	4.6
法学	0.3	地球惑星科学	0.7
経済学	0.8	情報学	7.7
経営学	0.4	科学	3.9
基礎生物学	2.5	総合工学	9.1
統合生物学	0.3	機械工学	9.9
農学	1.5	電気電子工学	2.5
食料科学	0.3	土木工学・建築学	2.2
基礎医学	1.3	材料工学	3.2
臨床医学	14.9	複合領域	19.0
健康・生活科学	2.0		

C　結果と考察

協力が得られた研究者は七一七名にのぼりました。平均年齢は四十六・二歳（標準偏差は十二・五歳）。性別比率は男性八一％、女性一九％でした。専門分野は**表6-5**に示すとおりです。複合領域、臨床医学、機械工学がベストスリーですが、幅広い分野の研究者の意見が反映されていることがわかります。また、心理学者との共同研究をした経験を持つ協力者は二〇％でした。

では、心理学の主要十領域それぞれについて、既知度と理解度、学術的重要性と社会的必要性の評価がどのようなものだったかを**表6-6**にまとめたので、概観してみましょう。全体的に、理解度はどの領域もあまり高くないのですが、学術的重要性と社会的必要性の評価は比較的高いです。背景をグレーにしたのが、「理解している」とされた、あるいは「学術的重要

表 6-6　心理学の主要10領域の既知度と理解度，学術的重要性と社会的必要性の評価

（数値は回答比率〈%〉，717人）

領域	既知度/理解度			学術的重要性			社会的必要性		
	既知＋理解	既知＋無理解	知らない	重要	非重要	わからない	必要	不必要	わからない
認知心理学	**36.4**	43.4	20.2	**83.5**	2.4	14.1	**72.8**	4.3	22.9
学習心理学	20.5	37.9	41.6	67.5	5.7	26.8	58.4	7.8	33.8
生理心理学	16.3	38.1	45.6	67.0	4.7	28.3	57.6	7.3	35.2
比較心理学	10.2	38.5	51.3	48.7	11.3	40.0	38.6	14.6	46.7
教育心理学	**23.4**	53.7	22.9	**71.4**	7.7	20.9	**73.2**	6.8	19.9
発達心理学	**28.7**	47.0	24.3	**76.0**	5.0	19.0	**70.3**	6.3	23.4
臨床心理学	**32.4**	52.2	15.5	**76.7**	7.1	16.2	**75.5**	6.8	17.7
人格心理学	12.8	34.3	52.9	53.1	12.1	34.7	43.1	14.5	42.4
社会心理学	**28.2**	54.4	17.4	**79.1**	4.3	16.6	**74.9**	6.0	19.1
産業心理学	13.4	34.5	52.2	57.6	9.2	33.2	61.1	9.2	29.7

性がある」「社会的必要性がある」と評価されている比率が高い領域のベストファイブです。項目間で多少の順序の違いはありますが、すべての項目で同じ領域が挙がりました。理解度に「知っているが理解していない」を含めると、「重要」「必要」との回答比率と大体一致しています。逆にいえば、「知らない」ものの評価を求められても「わからない」ということなのでしょう。

　次に、三つの設問それぞれについて、協力者ごとに、「知っていて理解している」「学術的に重要である」「社会的に必要である」と答えた領域の数を求めました。この数は〇～一〇の範囲の値をとりますが、多ければ多いほど、心理学の多岐にわたる領域について、理解度や学術的重要性と社会的必要性の評価が高いことを示していると考えられます。まず、それぞれの平均値を求めてみると、順に二・二、六・八、六・三でした。つまり、多岐にわたる領域に関する理解はあまり豊かではない一方で、学術的重要性と社会的必要性への評価は、いずれもそれなりには高いことがわかります。

さらにこれらの値を、心理学者との共同研究経験の有無で比較してみたところ、いずれについても統計的に意味のある差が見られました。理解度については、共同研究経験あり四・一、なし一・八で、大きな差がありました。共同研究経験のない協力者の場合は、過半数（五二％）が〇（どの領域も理解していない）と回答していましたが、経験がある協力者では、その割合は一二％でした。また、学術的重要性（あり七・七、なし六・六）と、社会的必要性（あり七・〇、なし六・一）の評価も、値の全体的な分布も含めて、理解度ほどの大きな差異は認められませんでしたが、それぞれ共同研究経験がある協力者のほうが高いという結果でした。つまり、そもそも他領域の研究者からの心理学に対する学術的重要性や社会的必要性への評価は比較的高いのですが、共同研究を経験することにより、それは高まる傾向にあるということがわかります。

また、媒介分析という分析の結果、共同研究の経験が心理学への理解を広げており、そのことを介して学術的重要性や社会的必要性の評価が高くなるという関係にあることも示されました。協働することで互いの理解が深まり、それが肯定的な評価につながるという効果があることは、共同研究に際して当然期待されるものではありますが、その期待が実際にある程度は実現していることが示されたのですから、心理学にとって喜ばしい結果であるといえます。

では、学問としての心理学に関する考えについてはどうでしょうか。表6-4を見れば一目瞭然ですが、心理学は有意な社会的貢献の可能性を持つ科学であると評価する回答者が、相対的に多数を占めています。これらの質問項目は、2節で紹介した心理学者を対象とするアンケート調査でもたずねたのですが、ほぼ同一の傾向が得られています。さらに「あてはまらない」を1、「あてはまる」を5として、数値が高くなるほど「あてはまる」と考える傾向が高いことを示す指標を作成し、共同研究経験の有無ごとに平均を求めてみました。すると、「心理学という学問は科学であると思う」（あり四・一、なし四・〇）、「心理学においては、再現性[*1]には必ずしもこだわらなくてもよい（逆転項目。「あてはまる」ほうが心理学の科学性に否定的な回答）」（あり二・四、なし二・四）、「心理学の研究や取り組みは、科学的方法論にのっとったものである」（あり四・〇、なし三・八）、「心理学の進歩は、人々の生活を向上させる」（あり四・二、なし四・一）で、先ほど述べた傾向には、共同研究経験の有無による統計的に意味のある違いは見られないことがわかりました。心理学は他の学問分野の研究者からも、人間の心の仕組みを解き明かす科学としての働きを期待されているわけです。

5 まとめ

1節で、心理学と他の学問分野が協働して顕著な成果をあげた例を多数紹介しました。それらの例からわかるとおり、心理学は、人間行動を対象にその心の仕組みを追究する実証科学として、他の学問分野との協働パターンがじつに多様に存在しており、その成果は学問全体の発展に寄与しています。しかし、3節と4節で紹介した、日本の心理学者と他の学問分野の研究者を対象とした二つの調査結果からわかることは、心理学の各領域をよく知ることが高い評価と関連するという傾向は顕著に見られましたし、ある領域の心理学者との共同研究によって心理学全体への理解が拡がり、それによって学術的重要性や社会的必要性の評価も高まることが示された一方で、心理学と他の学問分野の「幸福な出会い」による共同研究は、決してまだ数多く行われているわけではない、ということです。

こうした状況をもたらしている原因は、積極的に他の学問分野と交流しようとしていないという、心理学者

＊1　再現性とは、ある事象（たとえば、ある研究で示された因果関係）が同じ材料や条件、手続きのもとであれば、別の機会や別の場所で実施された研究でも生じることで、科学的方法の根幹をなす主要な原則であるとされています。

たちの努力不足の面も大きいかもしれません。しかし、同じ対象について多様な観点から検討することは、そう簡単に実現でき、さらには成功が得られるものではありません。対象への観点が異なることは、対象にアプローチする方法論の違いにつながり、方法論の違いは、対象を構成するさまざまな要素のうち、何を精緻に扱うか（その反面、何をラフに扱わざるを得ないか）の違いにつながります。こうした差異は、少なくとも短期的には、異分野間の協働を困難にさせる要因に十分なりえます。それを乗り越えた先にこそ共同研究の成果があり、それは心理学の地平をも拓くものになりうるかもしれません。ある程度じっくりと時間をかけて互いを理解し合う努力をし、どのように協働するのが互いの、そして社会的、学術的な利益を最大化できるのかを熟慮することが必要です。近年の複数の学問分野をまたいだ学際的な研究プロジェクトに、巨額の研究資金を投下する代わりに、年限を五年ほどで切り、短期的な成果を求めるものが増えているのは、こうした芽をかえって摘み取る行為のように思えてなりません。

最後に、心理学と他の学問分野との共同研究の成果を紹介せよというお題を得て、自分ではかかわった経験がないものも含めて幅広い共同研究事例を収集、整理している過程で気がついた点について述べることで、本章の結びとします。他の研究分野と連携して心理学の知見を生かすというと、どうしても個人の心理的メカニズムのより精緻な理解だったり、あるいは個人が社会のなかでどう振る舞うべきかといった社会的ルールの提示だったり、またあるいはネガティブな状態にある個人の心理的状態の改善だったり、「人間とはこういうものだ。だからお前はこうしろ」といった個人の努力を推奨するようなスタンスが強調されがちです。こうした知見は確かに有用でしょう。しかし、それだけが心理学の活かされ方ではないのです。社会制度やシステムといった、われわれの社会生活を支える基盤となるものがどうあるべきか、それを動かし、かつ動かされる立場である個人の観点から提言を行うこともできるはずです。つまり、社会のあり方を考え、あるいはそれを改善していく試みにも寄与できるということです。とりわけ社会科学や工学との協働は、その可能性を高めるでしょう。心理学者が、自らが旨とする「人間の心の仕組みを解き明かすこと」が持つ意義を、より高い視点からとらえることができるようになれば、学問の垣根はさらに低くなるかもしれません。

【引用文献】

（1）渡辺匠・太田紘史・唐沢かおり（2015）「自由意志信念に関する実証研究のこれまでとこれから――哲学理論と実験哲学、社会心理学からの知見」『社会心理学研究』三一号、五六-六九頁

（2）Furukawa, T. A., Weitz, E. S., Tanaka, S., Hollon, S. D., Hofmann, S. G., Andersson, G., Twisk, J., DeRubeis, R. J., Dimidjian, S., Hegerl, U., Mergl, R., Jarrett, R. B., Vittengl, J. R., Watanabe, N., & Cuijpers, P. (2017) Initial severity of depression and efficacy of cognitive-behavioural therapy: Individual-participant data meta-analysis of pill-placebo-controlled trials. *The British Journal of Psychiatry*, doi: 10.1192/bjp.bp.116.187773.（京都大学プレスリリース「認知行動療法、深刻なうつにも効果――重いうつにも投薬以外の治療選択肢を示唆」http://www.kyoto-u.ac.jp/ja/research/research_results/2016/170119_1.html）

（3）田渕恵・三浦麻子（2014）「高齢者の利他的行動場面における世代間相互作用の実験的検討」『心理学研究』八四巻六号、六三二-六三八頁

（4）石井敬子（2012）「遺伝子と社会・文化環境との相互作用――最近の知見とインプリケーション」『感情心理学研究』二〇巻一号、一九-二三頁

（5）Sato, N., Tan, L., Tate, K., & Okada, M. (2015) Rats demonstrate helping behavior toward a soaked conspecific. *Animal Cognition*, 18, 1039-1047.

（6）木下冨雄（2016）『リスク・コミュニケーションの思想と技術――共考と信頼の技法』ナカニシヤ出版

【推薦図書】

カーネマン、D／村井章子訳（2014）『ファスト＆スロー――あなたの意思はどのように決まるか？（上・下）』早川書房

ノーベル経済学賞を受賞した心理学者カーネマンによる、人間の認知バイアスに関する二つの理論（二重過程理論

とプロスペクト理論）について、豊富な実験研究の事例を挙げながら解説された著作。行動経済学の理論的支柱となった心理学的な人間モデルについて、一般向けにわかりやすく書かれている。

コラムI　心理学者に会いに行こう！
——市民と高校生のための心理学公開講座

【池田まさみ・邑本俊亮】

心理学は高校までの教科に存在しないこともあり、その科学的立場は一般になかなか理解されていないようです。極端な場合は、超常現象なるものを研究していると思われたり、臨床やカウンセリングといった一側面だけを心理学だと思われたりするなど、誤解されていることが多々あります。誤解を解くためにも、また人間科学としての心理学の魅力を知ってもらうためにも、日本心理学会では、二〇一二年以降、毎年、市民や高校生に向けた一般公開講座を開いています。講座は、「科学としての心理学」「社会のための心理学」「高校生のための心理学」の三つのシリーズからなります（次ページを参照）。

「科学としての心理学」では、心理学が実験や調査などの実証的なデータに基づいて人間の心的過程を解明しようとする学問であることを広く知ってもらうため、幅広いテーマ設定のもと、最先端の研究や成果を紹介しています。また、「社会のための心理学」は、「裁判員制度」「超高齢化」「医療」「教育」など現代社会のさまざまな問題に対して、関連する専門分野の研究紹介も交え、心理学がいかに貢献できるかを考える講座です。「高校生のための心理学」は、文字通り、高校生向けに、心理学の主要な領域をカバーする五～六コマの授業で構成された講座です。どのシリーズの講座も、その研究テーマに関して第一線で活躍している心理学者が話題を提供しています。この機会に、ぜひ有名な心理学者の研究の話を聞いてみませんか。

【三つのシリーズと講座テーマの例】

①科学としての心理学シリーズ（二〇一六〜二〇一八年度開催テーマ）

常識を超える心理学・なぞる心理学／アニメの心理学／「データの時代」の心理学を考える／〝共感する心〟を科学する／消費者の心理をさぐる

②社会のための心理学シリーズ（二〇一六〜二〇一八年度開催テーマ）

紛争問題を考える／医療における心理学の広がりを考える／超高齢社会のコミュニケーションを考える／認知症医療への心理学的貢献／裁判員の判断を左右するもの―罪を裁く人の心／司法面接―被面接者への心理的配慮と事実の解明／心理学で冤罪を防ぐ―司法的判断における認知バイアスの影響／貧困社会を考える―心理学は何ができるのか／死について考える心理学

③高校生のための心理学講座シリーズ（二〇一八年度開催地区と開催大学）

北海道医療大学／東北大学／宮城学院女子大学／江戸川大学／青山学院大学／新潟大学／関西福祉科学大学／立命館大学／神戸学院大学／岡山大学／広島大学／久留米大学／別府大学／琉球大学

【科学としての心理学・社会のための心理学――参加者の感想】

・感覚で何となく感じ取っていることを研究の知見で明確に説明していただき、大変納得することができました。／様々な感覚と脳の働き、関係性が面白かった。／マルチモダリティ間の情報処理、考察の知見が得られた。

・一般に正しいと考えられていることも、実際には正しいとは限らないことを知り、日常生活においても、これは本当に正しいのかどうかを考えることが大切であることを再認識しました。
・心理学 vs 他分野の先生方のシンポジウムを今後も楽しみにしています。改めて心理学はデータ収集→分析→解釈という検証が必要な学問だと感じました。／科学としての心理学、本当に興味深く学ぶことができました。最新の研究成果を第一線の先生方のご講演で聞くことができて楽しかったです、有意義でした。
・共感の前提として「視点取得」が大きく影響していることがよく理解できたように思います。「その人の立場になって」というのは実際にどういうことかが一般にはなかなか伝わりにくいと思います。「共感」の研究の発展型のなかでバーチャルリアリティが応用されていることがおもしろかったです。
・裁判参加制度において裁判員の心理は判決に大きく影響するものと初めて知りました。またご登壇者の先生方の研究によって、判断するということは自分が思っている以上に様々な要因で変わってしまうものということも勉強になりました。裁判だけではなく、あらゆる社会生活で今後に活用したいと思いました。
・今の時代の問題が心理学の観点から明確に説明されており、興味や関心を持つことができました。同時に、自分には何ができるのかを感じました。現代の貧困はとても大きな問題です。人間であるからこそ、子どもたちには平等に教育を受ける権利、生きる権利を保障し健全な社会にしなければと思いました。

【高校生のための心理学講座――参加者の推移と感想】

二〇一二年に全国八カ所で開催し、二〇一四年以降は十四カ所での開催を継続しています。一般の方も参加可能で、開始当初は高校生の割合が五割に満たない状態でしたが、現在では約七割になっています（二〇一七年は六九％、二〇一八年は六八％）。参加者の満足度（いずれも1～5の5段階評価での平均値）は非常に高く、二〇一八年のアンケート結果によれば、興味を持てた（四・八）、わかりやすかった（四・六）、新しい知識を獲得できた（四・八）、心理学の関心が増した（四・八）となっています。左記に示す通り、自由記述の感想にもそれを裏付ける内容が多数見られます。

・**イメージの変化**　考えていた心理学とは違っていた。／心理学に対するイメージが変わった。／心理学は思っていたより幅が広いことがわかった。／心理学は奥が深い学問だと思った。

・**知識獲得**　心理学のことを漠然としか知らなかったが，多くのことを具体的に知ることができた。／心理学についての知識がより深まった。

・**分野間関連性の理解**　分野による違いが良くわかった。／同じ心理学でも，分野によって全く違ったり，逆に密接に関連していたりということがよくわかった。

・**科学としての心理学**　心理学は科学であることがよくわかった。／どのように研究していくのかがわかった。

・**興味喚起**　おもしろくて，心理学に興味がわいた。／もともと興味があったが，さらに興味がわいた。／○○心理学を聞きたくて来たが，それ以外の心理学にも興味がわいた。

・**進路選択への影響**　進路選択の参考になった。／大学で心理学を学びたいと思った。／心理学科に進みたいと思った。

・**親近性**　心理学が身近に感じられた。／自分の生活と深くかかわっていることがわかった。

・**有用性**　心理学は役立つことがわかった。／ためになる話が多かった。

・**改善点**　わかりやすかったが，少し難しい内容もあった。／情報量が多かったのでプリントにして配布してほしい。／スライドの字が小さい。

・**リピーターの感想**　去年も参加してたいへん良かったので今回も参加した。／前の年と内容の一部が同じで残念だった。／前回よりもわかりやすかった。

コラムⅡ　心理学ミュージアムへようこそ！

【重森雅嘉・武田美亜】

【心理学ミュージアムとは】

「心理学ミュージアム」(http://psychmuseum.jp) は、インターネット上でアカデミックな心理学を楽しみながら学べるサイトです。一つのテーマやトピックを十数枚のスライドで紹介したコンテンツが、約六十個展示されています (二〇一七年三月現在)。コンテンツは、子ども、感情、記憶など、いくつかのカテゴリに分けられています。たとえば、子どもカテゴリには「なぜ赤ちゃんは指さしするのか?」、感情カテゴリには「笑うと楽しくなる」などのコンテンツが入っています。心理学の教科書などで使われている領域名や専門用語ではなく、なるべく日常的な言葉を手がかりにコンテンツを探してもらえるようにしています。もちろん端から順番に見ていただいてもかまいません。全般的には中学生くらいから興味を持ってもらえるようにわかりやすく作られています。まだ数は少ないですが、心理現象を実際に体験できるもの (「虚記憶」) や、ビデオ映像が見られるもの (「小鳥の歌学習」) もあります。

心理学ミュージアムの制作は二〇一一年に始まりました。最初は日本心理学会教育研究委員会博物館小委員会の委員が、一つずつコンテンツを作っていましたが、翌年二〇一二年からは、日本心理学会員からコンテンツを募集する現在のようなかたちになりました。それ以来、コンテンツは年々増え続け、コンテンツのテーマも広がっています。毎年、新しく制作されたコンテンツのなかから優れたものが選ばれ、日本心理学会から最優秀作品賞と優秀作品賞の授与も行われています。最近では、一つのテーマで複数のコンテンツを集めた特集企画展も始めました。第一弾のテーマは「他者とかかわる心の発達」で、四つのコンテンツが入っています。

心理学ミュージアムには、コンテンツ以外にも、「リンクモール」や「歴史館」というコーナーがあります。

リンクモール――心理学に関連する情報を掲載しているサイトと、インターネット上ではなく、現物として心理学に関連した展示を持つ、国内外の博物館を紹介しています。

歴史館――過去に心理学研究で用いられてきた機器などを紹介しています。

【心理学ミュージアムの目的】

心理学ミュージアムのコンテンツは、アカデミックな心理学を楽しんでもらいたいという思いで作られています。世の中には学術的根拠の薄い性格診断や読心術のようなものがあり、そのようなものも「心理学」として扱われることが多くあります。お手軽な魔術のように心理学が語られるのを目の当たりにするたびに、心理学者はがっかりしています。厳密な科学を背景にした宇宙の話や生物の話が興味深いように、厳密な心理学にも面白い話がたくさんあります。厳密であるから難しいというわけではありません。心理学者は、心理学者ではない方々ともアカデミックな心理学の面白さを共有したいと思っているのです。この願いを叶えるために、心理学ミュージアムでは慎重に、真剣に、コンテンツの制作や中身の吟味を行っています。

【心理学ミュージアムのこれから】

博物館小委員会のメンバーは、今後の心理学ミュージアムについていろいろな夢を持っています。たとえば、体験できるコンテンツを増やしたい、もっと面白いコンテンツを増やしたい、インターネット上ではなく現物の博物館を作りたい、心理学ミュージアムに関連したイベントを行いたい、心理学ミュージアム関連の書籍を出したい、サイ子ちゃん（末尾のイラストです）を盛り上げたいなどなど、たくさんの話が出ます。

心理学ミュージアムでは、来館者の皆さまからのご意見を歓迎します。また日本心理学会会員の皆さまには、ぜひコンテンツを作る側の楽しさも知っていただければと思います。一緒に心理学を楽しみ、面白い心理学ミュージアムを作っていきましょう。

サイ子ちゃんは、心理学ミュージアムのマスコット・キャラクターです。「お手軽な魔術の……」という話をしましたが、私たちはそういう見方を払拭すべく、魔女見習いのサイ子ちゃんに心理学を語るように、そしてサイ子ちゃんくらいの年齢の子が楽しめるように、心理学ミュージアムを作っています。サイ子ちゃんは、ツイッターもやっています(@jpa_psy_ko)。

■タ行

■ナ行

■ハ行

■マ行

■ラ行

索　引

【コラムⅡ】

重森雅嘉（しげもり　まさよし）

1997年　学習院大学大学院人文科学研究科心理学専攻博士課程単位取得退学

現　在　静岡英和学院大学短期大学部現代コミュニケーション学科准教授

著　書　*Advance in Human Aspects of Road and Rail Transportation*（共著）CRC Press 2012年，『心理学』（共著）樹村房 2012年　ほか

【コラムⅡ】

武田美亜（たけだ　みあ）

2008年　東京都立大学大学院人文科学研究科心理学専攻博士課程修了

現　在　青山学院女子短期大学現代教養学科准教授，博士（心理学）

著　書　『心理学基礎実験を学ぶ』（共著）北樹出版 2016年，『社会心理学 過去から未来へ』（共著）北大路書房 2015年　ほか

【第 4 章】

山　祐嗣（やま　ひろし）

1988年　京都大学大学院教育学研究科教育方法学専攻博士課程単位取得退学

現　在　大阪市立大学大学院文学研究科教授，博士（教育学）

著　書　『日本人は論理的に考えることが本当に苦手なのか』新曜社 2015年，『思考・進化・文化』ナカニシヤ出版 2003年　ほか

【第 5 章】

菊池　聡（きくち　さとる）

1993年　京都大学大学院教育学研究科教育心理学専攻博士課程単位取得退学

現　在　信州大学人文学部教授

著　書　『錯覚の科学』放送大学教育振興会 2014年，『なぜ疑似科学を信じるのか』化学同人 2012年，『超常現象をなぜ信じるのか』講談社 1998年　ほか

【第 6 章】

三浦麻子（みうら　あさこ）

1995年　大阪大学大学院人間科学研究科行動学専攻博士後期課程中退

現　在　関西学院大学文学部総合心理科学科教授，博士（人間科学）

著　書　『なるほど！ 心理学研究法』北大路書房 2017年，『人文・社会科学のためのテキストマイニング（改訂新版）』誠信書房 2014年，『コミュニケーションと対人関係』（共著）誠信書房 2010年，『インターネット心理学のフロンティア』誠信書房 2009年　ほか

【コラム I 】

池田まさみ（いけだ　まさみ）

2010年　お茶の水女子大学大学院人間文化研究科人間発達科学専攻博士課程修了

現　在　十文字学園女子大学人間社会学部人間発達心理学科教授，博士（学術）

著　書　『心理学の神話をめぐって』（共編）誠信書房 2017年，『言語と思考』（編著）オーム社 2012年，『日常生活と認知行動』（編著）オーム社 2012年，『臨床心理学用語事典』（編著）オーム社 2008年　ほか

【コラム I 】

邑本俊亮（むらもと　としあき）

1992年　北海道大学大学院文学研究科博士後期課程単位取得退学

現　在　東北大学災害科学国際研究所教授，博士（行動科学）

著　書　『心理学の神話をめぐって』（共編）誠信書房 2017年，『心理学の世界 基礎偏 3　認知心理学』（共著）培風館 2011年，『文章理解についての認知心理学的研究』風間書房 1998年　ほか

■編者紹介

楠見　孝（くすみ　たかし）

1987年　学習院大学大学院人文科学研究科心理学専攻博士課程単位取得退学

現　在　京都大学大学院教育学研究科教授，博士（心理学）

主編著書　『批判的思考と市民リテラシー』（共編）誠信書房 2016年，『ワードマップ 批判的思考』（共著）新曜社 2015年，『なつかしさの心理学』（編著）誠信書房 2014年，『科学リテラシーを育むサイエンス・コミュニケーション』（共編）北大路書房 2014年，『実践知』（共編）有斐閣 2012年，『批判的思考力を育む』（共編）有斐閣 2011年，『思考と言語』（編著）北大路書房 2010年　ほか

■著者紹介

【編者はじめに・第1章・第2章】

楠見　孝（くすみ　たかし）

〈編者紹介参照〉

【第3章】

岡田謙介（おかだ　けんすけ）

2009年　東京大学大学院総合文化研究科広域科学専攻博士課程修了

現　在　専修大学人間科学部准教授，博士（学術）

著　書　『伝えるための心理統計』（共著）勁草書房 2012年，『非対称 MDS の理論と応用』（共著）現代数学社 2012年

【第3章】

星野崇宏（ほしの　たかひろ）

2004年　東京大学大学院総合文化研究科広域科学専攻博士課程修了

現　在　慶應義塾大学大学院経済学研究科教授，博士（学術），博士（経済学）

著　書　『欠測データの統計科学』（共著）岩波書店 2016年，『入門統計解析』（共著）新世社 2009年，『調査観察データの統計科学』岩波書店 2009年　ほか

心理学叢書《しんりがくそうしょ》
心理学《しんりがく》って何《なん》だろうか？――四千人《よんせんにん》の調査《ちょうさ》から見《み》える期待《きたい》と現実《げんじつ》

2018年２月20日　第１刷発行
2019年３月15日　第２刷発行

監修者　日本心理学会
編　者　楠見　孝
発行者　柴田敏樹

発行所　株式会社　誠信書房
〒112-0012 東京都文京区大塚 3-20-6
電話　03-3946-5666
http://www.seishinshobo.co.jp/

印刷／製本　創栄図書印刷㈱
検印省略　　落丁・乱丁本はお取り替えいたします
ISBN978-4-414-31121-1 C1311　　Printed in Japan

心理学叢書

日本心理学会が贈る、面白くてためになる心理学書シリーズ

◉各巻 A5判並製　◉随時刊行予定

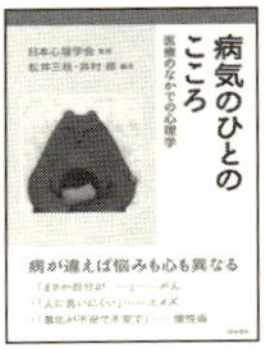

『病気のひとのこころ――医療のなかでの心理学』
松井三枝・井村修 編

「患者のこころのありよう」はその抱える疾患や重症度によって様々であり、きめ細やかなアプローチが求められる。本書では身体疾患から精神疾患まで幅広くとりあげ、患者の心を理解するヒントと基礎知識を提供する。

定価(本体2000円+税)　ISBN978-4-414-31120-4

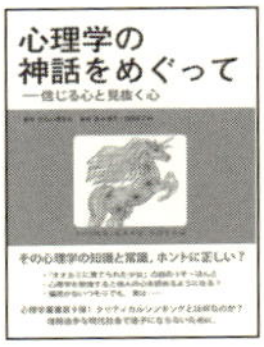

『心理学の神話をめぐって――信じる心と見抜く心』
邑本俊亮・池田まさみ 編

物事を根拠なく信じる前に考えよう―本書では世にはびこる「根拠もなく一般に信じられていること」を「神話」と呼び、心理学を駆使して真実を見抜く目を養う。真偽の不確かな情報が溢れる社会で迷子にならないための指南の書。

定価(本体1800円+税)　ISBN978-4-414-31119-8

思いやりはどこから来るの？
―利他性の心理と行動
髙木 修・竹村和久 編

なぜ人は他人を思いやるのか？思いやりという人間特有の感情の謎を、心理学、工学、理学、医学の一線で活躍する専門家が解き明かす。

定価(本体2000円+税)

なつかしさの心理学
―思い出と感情
楠見 孝 編

なつかしさ感情の不思議と魅力を、認知、記憶、臨床、司法、マーケティング等、オリジナルな研究に基づいて解説。

定価(本体1700円+税)

無縁社会のゆくえ
―人々の絆はなぜなくなるの？
髙木 修・竹村和久 編

少子化、未婚率と単身世帯の増加、高齢者の心理などをデータで示しつつ、社会で急速に広がっている「無縁」の問題を分かりやすく解説。

定価(本体2000円+税)

本当のかしこさとは何か
―感情知性(EI)を育む心理学
箱田裕司・遠藤利彦 編

自他の感情をとらえ、適切に扱うための知性（ＥＩ）は日常生活でどのように発揮され、その育成はどのように取り組まれているのだろうか。

定価(本体2000円+税)

高校生のための心理学講座
―こころの不思議を解き明かそう
内田伸子・板倉昭二 編

赤ちゃんの反応の実験、ロボットと人の反応の実験、サルと人の対比など心理学初学者にも興味深く読めるよう工夫された心理学の解説書。

定価(本体1800円+税)

地域と職場で支える被災地支援
―心理学にできること
安藤清志・松井 豊 編

不思被災者への支援として心理学に何ができるか。本書では東日本大震災時の活動例や被災者研究を紹介。今後に活かせるものが見えてくる。

定価(本体1700円+税)

震災後の親子を支える
―家族の心を守るために
安藤清志・松井 豊 編

東日本大震災により、被災地の親子をめぐる環境が急変するなか、家族の心と生活を支えるため、心理学ができることを多面的に考える。

定価(本体1700円+税)

超高齢社会を生きる
―老いに寄り添う心理学
長田久雄・箱田裕司 編

健康長寿の維持から認知症の支援まで、高齢期の課題について心理学ができることは何か。第一線の研究者がわかりやすく語る注目の書。

定価(本体1900円+税)